KB204377

내
증인이
되라

내
증인이
되라

지은이 | 조복섭
펴낸이 | 원성삼
펴낸곳 | 예영커뮤니케이션
초판 1쇄 발행 | 2021년 12월 29일
등록일 | 1992년 3월 1일 제 2-1349호
주소 | 03128 서울시 종로구 대학로3길 29, 313호(연지동, 한국교회100주년기념관)
전화 | (02)766-8931
팩스 | (02)766-8934
이메일 | jeyoung@chol.com
ISBN 979-11-89887-46-9 (03230)

값 11,000원 US $10.00

모든 인간은 하나님의 형상을 닮은 존귀한 존재입니다. 사람은 인종, 민족, 피부색,
문화, 언어에 관계없이 모두 다 존귀합니다. 예영커뮤니케이션은 이러한 정신에 근
거해 모든 인간이 존귀한 삶을 사는 데 필요한 지식과 문화를 예수 그리스도의 사랑으로 보급
함으로써 우리가 속한 사회에 기여하고자 합니다.

내
증인이
되라

CWM 전도훈련 교재

조복섭 지음

■ 이 전도훈련 교재는 Christ Witness Mission(CWM)을 통해 초판(1989년 1월 15일)이 발행된 이후로 개정 1판(1992년 1월 21일), 개정 2판(2018년 1월 27일), 개정 3판(2019년 8월 30일)이 출간되었다. 이번 교재는 기존 개정 3판에 내용을 더 추가하고 다시 다듬어 새롭게 정식으로 출간한 것이다.

■ 이 전도훈련 교재 내용에 언급된 전도지와 만화 전도지는 Christ Witness Mission(CWM)에서 자체 제작한 전도지를 말한다.

들어가는 말

하늘에 있는 것이나 땅에 있는 것이 다 그리스도 안에서 통일되게 하시는 하나님의 광대하신 구원 역사는 창세전 하나님의 계획하심과 이를 이루시기 위한 성자 하나님의 속죄의 죽으심 그리고 복음을 듣고 믿게 하시는 성령 하나님의 일하심, 이러한 삼위 하나님의 열심으로 성취되었다(엡 1:10). 이로 인해 마침내 모든 피조물이 죄의 속박에서 해방됨으로 구원을 얻게 되어 온 우주는 회복될 것이다(롬 8:19-23).

이제 이 구원 계획의 마지막 청사진은 모든 나라와 민족과 백성이 그리스도께 돌아와 흰 옷을 입고 영광을 하나님께 돌리는 것이다(계 7:9). 하나님께서는 그 무리 속에 우리 한 사람 한 사람이 그리고 아직도 돌아오지 않은 뭇 영혼이 다 함께 참여하기를 기다리신다. 그리고 바로 그 일을 우리가 감당하기를 원하신다.

이 놀라운 하나님의 계획을 성취하시기 위해 마지막 주자로 우리를 택하시고 이 시대에 살게 하시는 하나님의 섭리를 생각할 때, 우리들의 사명이 얼마나 막중한가를 다시 한번 생각하게 된다. 물론 사탄의 세력은 아직도 하나님의 구원 계획에 강력히 도전하고 방해한다. 그러나 우리는 그리스도의 신부이자 용사다. 우리가 벌이는 사탄과의 영적 싸움에서 하나님께서는 언제나 앞서 행하신다. 우리 모두 종말 신앙의 긴박감과 아버지의 사랑으로 더욱 힘써 그리스도의 복음을 전하는 전도자가 되자!

이 교재의 내용

내
증인이
되라

1부

CWM 전도훈련
취지와 목표

1장 CWM 전도훈련은?

하나님의 뜨거운 가슴에서 나온 이 복음은 바로 우리를 포기하지 못하시는 하나님, 그분의 사랑의 확증이며, 대속을 위해 예수 그리스도께서 십자가에서 죽으심은 죄 때문에 하나님과 단절된 우리를 향한 하나님 사랑의 절정이다. 그러므로 그 사랑에 반응하는 전도는 교회의 빈자리를 채우려는 것이나, 어떠한 인간적인 욕구 충족이나, 또한 오직 상급만을 위한 것이 되어서는 안 된다.

전도는 하나님을 사랑하고 영혼을 사랑함으로 감당해야 하는 구원받은 우리에게 주신 그리스도의 지상 명령이다. 마지막 추수를 앞둔 역사의 대변혁기인 이때에 다시 오실 주님을 맞이해야 할 오늘의 그리스도인들에게 전도보다 더 급한 것은 없으며, 전도보다 더 큰 시대적 사명도 없다. 이제라도 전도의 패러다임이 바뀌어야 한다. 우리는 주님의 심장을 가지고 때를 얻든지 못 얻든지 복음이 필요한 사람들을 찾아 나가 하나님의 사랑을 전해야 한다.

CWM 전도훈련은 다음과 같은 목적과 목표를 두고 진행한다.

1. 전도의 생활화에 목표를 둔다.

전도는 어쩌다 마음 내킬 때 한두 번 하는 것이 아니다. 전도는 우리의 평생 과업이다(딤후 4:2). 시대가 어떻든, 상황이 어떻든, 어떠한 방법으로든 언제 어디서나 우리에게 전도가 습관처럼 몸에 배어 있어 생활화되어야 한다. 하나님께서는 각 사람이 그리스도의 사신이 되어 주어진 삶의 자리에서 화목하게 하는 이 직책을 감당하기 원하신다(고후 5:18-20).

2. 복음으로 아버지 사랑을 전하는 데 목적을 둔다.

전도의 궁극적인 목적은 우리 그리스도인의 정체성을 회복시켜 주는 것이다. 하나님께서 나를 얼마나 사랑하시는지, 내가 하나님 앞에 얼마나 귀한 존재인지를 복음을 통해 확신할 수 있게 된다. 그러므로 복음을 전할 때 성령의 역사로 하나님 아버지의 마음이 전달되어야 한다. 주님의 사랑으로 복음을 전해서 전도 받은 그 사람이 그때부터 하나님의 사랑을 직접 느끼고 경험하게 해야 한다. 그래야 끝까지 인내하고 승리하는 하나님의 자녀로, 주님 맞을 신부로 준비하고 있다가 주님과 함께 영원히 천국에서 살게 된다.

3. 결신에 최대한 집중한다.

CWM 전도 방법은 일명 '결신 전도'라고도 한다. 어떠한 방법으로 전도를 하든지 오로지 우리가 목표하고 기대하는 것은, 그것을 통해 예수 그리스도를 영접해서 구원받는 것이다.

우리 인생은 내일 일을 알지 못한다. 누구나 구원받기 위해서는 반드시 예수 그리스도의 행하신 일을 믿고 예수님을 영접해야 한다. 이를 위해 정확하고 분명한 복음 메시지를 준비하여 언제라도 기회가 주어지면, "이거 읽어 보고 꼭 예수 믿으세요." 하고 그냥 전도지만 주고 오는 것이 아니라, 그 기회를 놓치지 않고 성령님의 도우심을 구하면서 즉시 복음을 들려주고 예수님을 영접하도록 도와주는 데에 최대한 집중한다. 그러면 자연히 교회는 결신 전도를 통한 교회 성장(Conversion Growth)을 이룰 수 있을 것이다.

4. 결신 전도를 위한 다양한 방법을 준비한다.

우리가 전도에 부담을 느끼는 것 중에 가장 큰 원인은 나가서 들려줘야 할 복음 메시지가 준비되어 있지 않기 때문이다. 전도대상자는 대상도, 형편과 상황도 다 다르다. 이 훈련을 통해 시간과 상황에 따라 그리고 전도대상자의 신앙 상태에 맞추어 40분 혹은 4분 동안에도 전할 수 있는 복음 제시 내용을 준비할 수 있다.

또한 전도대상자 찾기와 전도대상자 마음 문 열기, 복음 화제로 대화를 이끌어 가면서 전도 기회 만들기, 태신자로 품고 해산의 수고하기, 효과적인 결신 전도를 위해 전도대상자의 신앙 상태를 진단하는 방법, 더 나아가서 복음 제시 중 반대 의견에 부딪혔을 때의 대처 방법 등을 충분히 익혀 지혜롭게 준비된 능력 있는 전도자로 성령님께 쓰임 받게 한다.

다음과 같이 7단계로 전도할 수 있도록 훈련한다.

1. 찾아 가기
2. 마음 열기
3. 복음으로 화제 전환
4. 신앙 상태 진단
5. 복음 제시
6. 막힌 곳 돌파
7. 함께 예배

2장 결신 전도

1. 전도 방법은 많다.

각각 하나님의 부르심과 주신 은사에 따라, 또한 주어지는 상황과 만나는 대상에 따라 다음과 같이 전도 방법은 다양하다.

1) 개인 전도(Personal Evangelism)

태신자를 찾아가거나, 가가호호 다니면서 문을 두드리거나, 양로원이나 병원을 방문해서, 직접 만나 얼굴과 얼굴을 대하며(face to face) 개인적으로 복음을 전하는 방법

2) 노방 전도(Street Evangelism)

마켓이나 거리에 나가 행인들에게 전도지를 나눠주거나 외치면서 복음을 전하는 방법

3) 매스컴 전도(Electronic Evangelism)

TV나 라디오 등 전파 매체를 통하여 복음을 전하는 방법

4) 교회 집회로 인도하는 전도(Corporate Evangelism)

교회 정기예배, 수련회, 구역예배, 부흥회 등 교회 집회로 인도해서 전하는 방법

5) 미디어 전도(Media Evangelism)

편지나 문자, 카톡, 전도지, 신앙 간증지, 전도 책자 혹은 오디오, 유튜브 동영상 퍼다 주기 등 미디어를 통해 복음을 전하는 방법

6) 구제 전도(Relief Evangelism)

노숙자(Homeless People) 등 어려움에 처해 있는 사람들에게 도움의 손길을 제공하면서 전하는 방법

7) 간접 전도(Indirect Evangelism)

멀리 떨어져 있는 가족이나 친지의 영혼을 위해 기도하거나 선교지에서 사역하고 있는 선교사들의 선교 사역을 위해 기도로 돕는 방법

이 외에도 병원 전도, 군 전도, 선박 전도와 같은 여러 가지 전도 방법이 있다. 이와 같이 실로 전도는 복음을 받아들이는 사람들의 처지에 따라 전하는 방법이 각기 다르다. 모든 전도를 하나님은 기뻐하신다. 우리가 할 수 있는 방법을 모두 다 동원해서 어떠한 방법으로든지 복음을 전해야 한다.

2. 결신 전도는 중요하다.

어떠한 방법으로 전도하든지 전도대상자가 분명히 예수님을 구주와 주님으로 영접하는 것은 매우 중요하다. 예수님을 영접하지 않은 상태에서 어느 날 갑자기 전도대상자가 세상을 떠난다면 천국에는 못 가는데 그렇다면 우리의 전도가 무슨 의미가 있겠는가? 예수님을 영접하는 것은 기본이다.

결신 전도의 중요성을 좀 더 구체적으로 생각해 보자.

1) 일초 후의 일을 알 수 없는 인생이다(약 4:14). 예수님을 영접하는 순간 사망에서 영원한 생명으로 옮겨지게 된다(요 5:24).
2) 죄 용서뿐 아니라 의롭다 하심을 받고(롬 8:30) 영원히 하나님의 은혜 안에 살게 된다(롬 5:1 이후).
3) 예수님을 영접하고 나면 그때부터 성령님께서 동행하시면서 천국까지 이끌어 주신다(요 16:13; 히 13:5 하).
4) 반석 위에 집을 짓는 것과 같이 천국에서 누릴 상급과 함께 이 땅에서도 하나님의 은혜 안에서 복된 삶을 살 수 있게 된다.

3. 사례 간증

결신에 초점을 두고 전도하면서 경험한 훈련생들의 고백이다.

■ 예수 그리스도를 영접하는 모습을 보고 나오면서, 나 같은 것을 이런 귀한 일에 쓰시는 하나님 앞에 감사와 기쁨을 억제할 수 없었다. 운전 중 차를 길옆에 세우고 한참 동안 눈물로 감사의 기도를 드리다 돌아왔다.

■ 한 영혼이 주님께 돌아오는 것을 보면서 처음 은혜 받았을 때의 벅찬 기쁨을 다시 맛볼 수 있었다.

■ 애타는 마음으로 기도하며 열심히 전도대상자를 돌보던 어느 날 그가 눈물 흘리며 예수님을 영접하는 모습을 보는 순간이야말로 천하를 얻는 기쁨을 맛보게 된다.

■ 사도행전 13장 52절에 제자들은 기쁨과 성령이 충만하였다고 했다. 훈련 중 임상 훈련을 나가서 결신자를 얻을 때였다. 우리는 문을 나서자마자 서로 손을 마주치며 탄성을 지르고 얼싸안고 기쁨의 눈물을 흘렸다.

■ 결신 전도는 답답한 현실의 염려와 괴로움에 눌려있는 내 신앙생활에 새로운 활력을 준다. 이것이 바로 우리 하나님의 기쁨에 동참하는 영적 체험의 기회며, 그리스도인으로서 삶의 참맛을 느끼는 순간이라고 생각한다.

■ 전혀 회심이 불가능해 보이던 사람이 예수님을 영접하는 것을 보게 될 때 하나님의 은혜와 사랑에 뜨거운 감사를 느끼게 된다. 전도대상자의 마음을 열기 위해 때로는 자신의 간증을 하다 보면, 하나님의 은혜 가운데 새롭게 변화된 나 자신을 바라보며 새삼스레 하나님께 감사드리게 된다.

■ 훈련 마지막 3일간은 저녁마다 임상훈련을 나갔다. 세 사람이 한 팀이 되어 전도할 지역을 배당받았다. 셋째 날이었다. 그날따라 가는 곳마다 문전박대를 당하고 돌아서야만 했다. 그들은 심한 말을 하면서까지 우리를 민망하게 했다. 한 팀이었던 두 목사님의 발걸음에 보조를 맞춰가며 이집 저집 층계를 수없이 오르락내리락했다. 몇 블럭을 지나다 보니 더 이상 계속 진행하기 어려울 정도로 지쳐 버렸다. 그때 우리 인간을 구원하시려고 포기하지 않고 여관 문마다 두드리시던 예수님의 마음을 생각하며 힘을 얻을 수 있었다. 잃어버린 한 영혼을 귀히 여기시는 주님의 사랑을 깊이 생각하게 된 것이다. 강의 시간에 들은, '주님께서 포기하지 않으시는데 내가 어찌 그렇게 쉽게 포기할 수 있겠나?' 하는 말씀을 생각하면서 주님의 마음으로 복음을 전했다.

■ 꼭 마음을 열고 예수님을 영접하게 해 달라고 늘 열심히 기도로 준비하고 전도대상자를 만난다. 입을 열어 복음을 전할 때마다 성령님께서 붙들어 주심을 느낀다. 방해 세력을 묘하게 뚫고 들어가게 되기도 한다. 생각지 못한 어려움에 부딪힐 때 성령님의 도우심으로 해결되는 영적 체험을 하게 된다. "내가 세상 끝 날까지 너희와 항상 함께 있으리라"(마 28:20) 하시는 말씀을 그대로 실감하게 되면서 더욱 담대히 전도 현장에 나서게 된다.

내
증인이
되라

2부

CWM 전도훈련의
실제

3장 찾아 가기(1단계)

1. 어떻게 전도대상자를 찾아 나가는가?

일단 복음을 전하기 위해서는 복음을 들어야 할 사람이 있어야 하지 않겠는가? 우리는 아래와 같이 전도대상자를 찾아볼 수 있다.

1) 내 주변 전도대상자를 적어 본다.

주님이 그러셨듯이, 우선 주위에 가난한 자, 병들고 눌린 자 등, 여러 가지로 어려움에 처해 있는 사람들을 찾아가 신앙을 확인해서 전도대상자로 삼는 것도 하나의 방법이다. 또한 그동안 무관심했던 주변 사람, 복음을 전하다 포기하고 미루어 놓았던 사람 그리고 가끔 마음에 감동과 전도의 부담을 갖게 하는 사람의 이름을 적어 놓고 기도로 준비하면서 찾아 나간다.

2) 지경을 확보해 나간다.

하나님 나라 확장을 위해 다음과 같이 전도의 지경을 정해 놓고 기도하면서 지속적으로 찾아 나간다.

예를 들면,

① 내가 사는 지역의 아파트
② 친척들 명단
③ 내가 속한 지역(동네)의 상업 장소 등

일주일에 하루는 전도하는 날로 따로 정해 둔다.

3) 생활 현장이 복음 전도 현장이다.

전도는 어떤 특정한 시기에만 실행하는 일회성 행사가 아니다. 언제, 어디서, 누구에게나 영혼에 관심을 가지고 전도할 수 있는 기회만 있으면 자연스럽게 그들의 신앙을 파악하고, 복음을 전해야 한다. 예를 들면 직장, 비즈니스 현장, 찾아온 손님, 심방, 상담을 하면서도, 또한 여행 중에 만난 사람일지라도 내 생활 현장에서 만나는 사람들을 전도를 위해 내게 보내 주신 사람들이라고 생각하고 혹시 이 사람이 바로 복음이 필요한 사람이 아닌지 알아보는 것부터가 전도의 시작이다. 그러다 보면 어느새 내 생활 현장이 복음 전도 현장이 된다. 이것이 CWM 전도훈련 목표 중의 하나이기도 하다.

2. 어떻게 접근하면서 전도대상자를 찾아내는가?

사람을 만났을 때 어떻게 말을 시작하면서 전도대상자인가를 알아보는가? 물론 상황에 따라 다르긴 하지만 대체로 자연스럽게 나오는 첫 마디는 '교회를 다니고 있는가'를 확인하는 질문으로 대화의 문을 열기가 쉽다. 그럼 이제 다음의 가상 현장을 가지고 우리 한번 연습해 보기로 하자.

- **처음 만났을 때**
  (세탁물을 찾으러 갔다가 세탁소 주인을 만남)

1) Hi?
   (안녕하세요?)
2) 기분 좋은 대화(10초 미만) * 마음 열기
   (인상이 너무 좋으시네요.)
3) 교회 출석 여부 확인
   (혹시 교회 나가세요? 주일은 좀 쉬나요?)

4) 신앙생활은 굉장히 중요한데…

   언제 우리 교회 한번 초대하고 싶습니다. – 교회 자랑

5) 태신자로 품고 기도 시작

   (제가 오늘부터 열심히 기도하겠습니다. 성함을 좀 알 수 있을까요?)

6) 전도 수첩에 기록

■ 두 번째 만났을 때

   (며칠 후 어느 식당 앞에서 우연히 그 세탁소 주인을 두 번째 만남)

1) Hi?

   (여기서 또 만나네요. 별일 없으셨어요?)

2) 기분 좋은 대화(10초 미만) * 마음 열기

   (언제 뵈어도 너무 반가워요.)

3) 신앙생활은 굉장히 중요한데… 언제 우리 교회 한번 꼭 와 보세요.

   – 교회 자랑(이때 교회 행사를 소개한다.)

4) 계속 기도

   (제가 열심히 기도하고 있습니다.)

5) 전도 수첩에 새로운 정보(Information) 기록

   – 업데이트(update)

4장 마음 열기(2단계)

1. 기분 좋은 대화로 마음을 열 수 있다.

이 시대는 많은 사람이 고통하는 때다(딤후 3:1). 또한 주님의 재림이 가까울수록 불신의 세력이 팽배해져 가고 있는 세상(눅 18:8)에 우리가 살고 있다. 사람들의 마음이 많이 닫혀 있다. 그러나 복음을 전하기 위해서는 일단 그들의 마음이 열려야 한다. 만날 때마다 기분 좋은 대화를 하는 10초 미만의 시간, 그때가 기회다.

1) 칭찬, 위로, 격려의 말을 아끼지 말라.

예수님께서 수가성 여인을 전도하실 때, "네 남편을 불러오라."는 지식의 말씀을 주셨다. "나는 남편이 없습니다." 그녀의 답변에 여인을 꾸짖거나 나무라지 않으셨다. "네 말이 참되도다." 그 여인을 판단하신 것이 아니다. 오히려 '솔직하다', '정직하다'는 뜻으로 격려하시고 위로의 말씀을 해 주셨다. 자신의 행위를 질책하지 않으신 예수님을 향하여 여인의 마음이 열리기 시작했다. 결국 메시아이신 예수님을 영접하게 되었다. 격려하는 말에는 능력이 있다(잠 12:25). 긍휼과 사랑으로 대할 때 더욱 그렇다. 그 사람의 장점을 빨리 찾아내라. 누구에게나 장단점은 있게 마련이다. 하나님이 바라보시는 눈으로 그들을 보라.

예: 몸은 건강하지만 하는 일들이 잘 안 풀려 안타까워하는 사람
   "건강하시니까 참 좋으시네요. 뭐든지 할 수 있고. 얼마나 좋아요."

2) 긍정적으로 뒤집으라.

부정적인 면이 보일지라도 그것을 긍정적으로 뒤집으라(민 14:9). 인간적인 측면에서 보지 말고 하나님의 관점으로 보라.

예: 마음이 여리고 나약한 사람일 때

"마음이 고와서 앞으로 많은 사람을 품는 일을 하실 수 있을 것 같아요."

3) 하나님의 뜻을 말할 기회로 삼으라.

사탄이 공격하는 것이 보일 때 하나님의 뜻을 말할 기회로 삼으라(민 14:28).

예: 낙담하는 것이 보일 때

"이번 일을 잘 인내하시면 좋은 일이 있을 거예요."

2. 예언적 전도로 마음을 열 수 있다.

성령을 통하여 예언, 지식의 말씀, 지혜의 말씀과 성경적 꿈 해석으로 사람들의 마음을 위로하고 격려하고 소망을 넣어 주면서 하나님께 인도하는 것을 '예언적 전도'라고 한다. 예를 들면, "혹시 자녀가 어려움을 당해 근심하고 계신 건 아닌가요? 자매님을 위해서 잠시 기도하는데 그런 마음을 주셔서요." 하면서 "그러나 너무 근심하지 마세요. 우리 함께 하나님께 기도해요. 그런데 그것보다 먼저 해야 할 일이 있어요. 예수님을 영접하는 거예요." 하면서 복음을 전해 예수님을 영접하도록 도와주고, 그 다음 확신 부분을 설명할 때 자녀가 된 권세를 설명해 주면서 믿음으로 기도하도록 인도한다. 예수님께서도 수가성 여인을 전도하실 때 그 여인의 생활상을 들여다보시고 초자연적인 지식을 통해 "네 남편을 불러오라."고 하셨다. 이처럼 예언적 전도는 효과가 크다. 이를 위해 매 순간마다 기도하면서 하나님의 음성에 귀를 기울여야 한다.

3. 능력 전도로 마음을 열 수 있다.

하나님의 능력으로 베드로는 성전 미문에 앉아 있던 앉은뱅이를 자리에서 일어나게 했다(행 3:1-12). 그는 걷고 뛰면서 하나님을 찬양했다. 그 일을 보고 모인 사람들에게 그리스도를 증거했을 때 믿는 자의 수가 크게 더해졌다(행 4:4). 예수님이 수가성 여인을 전도하실 때도 예수님의 능력이 그 여인에게 흘러 들어가면서 놀라운 내적인 치유와 변혁이 일어났다(요 4:26). 이와 같은 기사와 표적, 치유를 통한 초자연적인 하나님의 역사는 불신의 세력에 붙잡혀서 믿어지지 않는 사람의 마음을 열고 복음을 받아들일 수 있게 하는 놀라운 효과가 있다.

4. 해산의 수고(관계 전도)로 마음을 열 수 있다.

우리는 때를 얻든지 못 얻든지 복음을 전해야 한다. 때로는 만나는 자리에서 당장 결실을 얻어 내야겠다는 생각으로 전도를 나간다. 그러나 한두 번 거절을 당하거나 생각처럼 되지 않을 때 전도가 어렵게 느껴지면서 포기하기 쉽다. 시간을 가지고 사랑과 신뢰의 관계를 형성하라. 그 과정을 통해 흘러 들어가는 사랑과 생명의 영이 그들을 만져 주심으로 굳은 마음이 부드러워지고 마음이 열리게 된다(갈 4:19). 이러한 CWM의 전도 방법을 '관계 전도'라고도 한다. 전도의 열매를 맺기 위해 가장 중요한 것은 '아버지의 마음'과 '지속적인 관심'이다. 긍휼의 마음을 가지고 끊임없이 그 사람의 영혼 구원에 관심을 두고 기회가 주어지면 복음을 전해 예수님을 영접하도록 도와줘야 한다. 이것을 위해 우리가 할 수 있는 일을 몇 가지 생각해 보자.

1) 기도하기

전도는 영적 전쟁이다. 예수님을 믿지 못하게 하고, 천국에 가지 못하게 온갖 궤계를 다 쓰는 마귀의 세력과 싸우는 일이다. 적진 속에 포로 된 영혼들을 구해내는 치열한 영적 전투다. 이를 위해 사탄의 권세를 깨뜨리는 기도가 있어야 한다(엡 6:10-12; 약 4:7). 그리고 예수님의 이름으로 그들을 축복하라. 그때 우리를 통해 하나님의 복이 그들에게 흘러가게 된다(창 20:17). 하나님의 복을 받은 야곱은 바로 왕을 축복했다(창 47:10). 예수님은 제자들을 전도하러 보내시면서 누구 집에 들어가든지 먼저 그 집이 평안하기를 빌라고 하셨다(마 10:12).

2) 투자하기

영혼 구원을 위해 우리에게 주신 기업이나 권위나 축복을 최대한으로 활용하라. 전도대상자의 문제나 관심사를 찾아 자연스럽고 효과적으로 상대방의 필요를 채워 주라. 예수님은 전도하실 때 어떻게 하셨는가?(마 9:10, 10:12; 눅 10:5; 행 10:28). 평안을 빌어 주고 친구가 되어 교제하셨다. 그들의 필요를 채워 주시면서 복음을 전하셨다. 그 과정 가운데 예수님의 사랑과 생명의 영이 그들을 만져 주심으로 굳은 마음이 곧 부드러워지고 열렸다. 이것이 태신자를 품고 해산의 수고를 하는 작업이다(고전 9:22).

3) 카드나 문자 또는 카톡 보내기

전도대상자가 바빠하거나 복음을 나눌 기회를 주지 않을 때 그대로 포기하면 안 된다. 그때부터 전도대상자를 태신자로 전도 수첩에 올려 놓고 의미 있는 카드나 문자 또는 카톡을 보낸다. 그리고 수신 확인으로 관계를 유지하면서 전도할 기회를 기다린다.

카드나 문자 또는 카톡 보내는 요령

- 카드나 문자 또는 카톡 발송 시 수신인과 발신인의 이름을 분명히 밝힌다.
- 간결하고 밝은 내용으로 한다.(32-33쪽 태신자에게 보내는 CWM 카드, 문자 및 카톡 내용 참조)
- 규칙적으로 보내면서 기도한다.
- 수신 확인으로 아름다운 사귐을 갖는다.
- 새로운 정보를 계속 전도 수첩에 기록한다.

보낸 카드 수신 확인 전화나 문자 또는 카톡을 주고 받을 때나 심방을 할 때마다 얻어지는 태신자에 대한 새로운 정보(결신 여부, 교회 출석 상황, 부서 가입, 이사, 병고, 경조사 등)를 전도 수첩에 기록하며 돌본다. 태신자의 변화되는 상황과 형편에 따라, 병석에 있는 태신자에게는 전화나 문자 또는 카톡을 보내거나 꽃을 사 들고 병원으로 심방하는 것도 좋다. 생일을 기억했다가 생일 카드나 문자 또는 카톡을 보내는 등 세심한 관심과 사랑의 배려가 필요하다. 특별히 경조사에 함께하도록 노력한다. 이 모든 과정 중에 우리의 관심은 오직 영혼 구원이다. 전도를 위해 끊임없이 몸과 마음과 시간과 정성을 구별해서 드리는 것을 하나님이 보시고 인정하시는 순간, 그때부터 하나님께서는 우리에게 전도할 능력을 주시고 전도의 문을 열어 주신다. '끊임없이, 지속적으로'가 중요하다.

5. 태신자에게 보내는 CWM 카드, 문자 및 카톡 내용 예시(Sample)

[제1신]

_____님께,

안녕하세요?

그동안 별일 없으셨어요?

요즘은 아침저녁으로 기온 차이가 많네요. 특별히 감기 조심하세요.

저는 기도할 때마다 _____님을 위해서 하나님께 기도하고 있습니다.

우리는 때로 우리의 노력과 지혜로 세상을 사는 것 같지만

사실 우리의 인생을 주관하는 분은 하나님이시기 때문이죠.

언제 한번 우리 만나요.

_____드림

[제2신]

_____님께,

한 주간을 어떻게 지내셨어요? 어느새 하루가 가고

한 주가 지나는지 모르게 세월이 너무 빠르게 지나는 것 같군요.

그래서 성경에도 "우리의 연수가 칠십이요 강건하면 팔십이라도

그 연수의 자랑은 수고와 슬픔뿐이요

신속히 가니 날아가나이다"(시 90:10)라고 했죠.

그저 정신없이 날아가는 세월 속에서도 기다려지는 소식이 되기 바랍니다.

_____드림

_____님께,

안녕하세요?

늘 위해서 기도하면서 또 펜을 듭니다.

우리가 이 땅에서 매일 이렇게 살아가고 있지만 영원히 사는 것도 아니고,

언젠가는 우리가 다 이 세상을 떠날 때가 있고,

그때는 아무것도 가지고 가지 못하고 다 두고 가는데,

이런 저런 생각을 하다 보면

아무리 바빠도 신앙생활은 해야겠다는 생각이 듭니다.

어서 교회에서 뵐 수 있으면 좋겠군요. 그날을 기다리며…

_____드림

_____님께,

평안하셨죠?

이렇게 펜을 들 수 있다는 것이

제게는 얼마나 감사하고 기쁜 일인지 모릅니다.

한 번 뵙고 싶군요.

저희 교회에서 하나님의 말씀을 배우는 시간이 주일 아침 10시에 있어요.

아주 흥미 있으실 거예요. 이번 주일에 꼭 한번 와 보세요. 기다리겠습니다.

_____드림

6. 적절한 간증으로 마음을 열 수 있다.

전도하다 보면 간증이 필요할 때가 있다. 이때를 위해 분명하고도 힘 있는 간증을 3분 정도 간단한 내용으로 준비해 두는 것이 좋다. 바울의 아그립바 왕 앞에서의 다메섹 간증(행 25:9-23)은 아주 좋은 예라고 하겠다.

1) 간증의 세 가지 요소

① 예수님을 영접하기 전의 나

② 예수님을 영접하게 된 동기와 경위

③ 예수님을 영접한 후의 나

2) 간증할 때 유의할 점

① 전도대상자의 입장에 부합되는 내용의 간증을 택한다.

  간증은 반드시 듣는 사람의 상황 속에서 공감되도록 표현되어야 한다.

② 긍정적이며 결신에 유익한 내용을 택한다.

  부정적인 간증은 전도대상자에게 오히려 거부감을 안겨 주게 된다.

③ 복음에 초점을 맞춰 조리 있고 명료하게 한다.

  하나님께서 특별히 구원을 위해 베풀어 주신 은혜와 사랑만을 간단하고 명료하게 전해야 한다. 내용의 초점이 흐려지면 듣는 사람에게 지루한 감을 주고 흥미를 잃게 한다.

④ 사실을 확대, 축소, 과장하지 않는다.

  사실을 확대, 축소, 과장할 때 하나님께서 성령으로 역사하지 않으신다. 있었던 사실 그대로만 간증하도록 한다.

⑤ 부덕한 내용은 상대방의 이름을 밝히지 않는다.

⑥ 자신의 자랑거리로 바꾸지 말아야 한다(대하 32:31).

  간증은 하나님께만 영광을 돌려야 한다.

5장 복음으로 화제 전환(3단계)

1. 어떻게 대화를 이끌어 가면서 복음으로 연결할 수 있는가?

우리는 늘 여러 상황과 형편의 사람들을 만나 생활하는 가운데 수시로 주님께서 인도하시는 전도의 기회를 맞게 된다. 그러나 전도의 기회를 얻고자 하는 간절한 열망과 한 영혼이라도 구원하려는 그리스도의 심장으로 가득 차 있을 때에만 언제 어디서나 성령의 인도하심에 민감하게 된다. 그러나 때로 좋은 전도의 기회를 얻었을지라도 성급히 신앙 진단을 한다든가 복음 제시를 하려다 보면 의외로 어려운 상황이 만들어지기도 한다. 그러므로 그 기회를 잘 포착하되, 적절한 접촉점(point of contact)을 찾아 재치 있게 복음으로 연결하면서 대화로 이끌어 가는 요령이 필요하다(마 10:16).

그 예를 우리는 성경 여러 곳에서 볼 수 있다. 예수님께서 수가성 여인을 우물가에서 만나셨을 때 "물 좀 달라." 하시면서 물을 접촉점으로 삼아 복음을 전하셨다(요 4:13-14). 또한 빌립이 에디오피아의 내시를 만나 전도할 때 "그대가 읽는 것을 이해하시오?" 하면서 말씀을 읽고 있는 그것을 접촉점으로 만들어 복음을 전했다(행 8:30). 이러한 지혜를 얻기 위해 우리는 늘 기도해야 한다(약 1:5).

2. 접촉점의 예

1) 이름

사람의 이름을 접촉점으로 만들어서 복음을 제시할 수 있다. 주기철, 길선주와 같은 훌륭한 신앙 인물들의 이름이나 성경에 나와 있는 바울이나 에스더 같은 이름은 좋은 접촉점이 될 수 있다. 전도대상자 가정의 어린아이의 이름이 혹 그와 같은 이름이라면, "그 신앙 좋은 주기철 목사님처럼 이름을 지으신 것을 보니" 또는 "성경에 나와 있는 그 유명한 에스더 이름을 따서 자녀들 이름을 지으신 것을 보니, 믿음이 좋으신가 봐요." 하면서 복음 화제로 대화를 이끌어 나간다.

2) 계절

어느 가을날, 나뭇잎이 우수수 떨어져 있는 공원에 친구와 함께 낙엽을 밟으며 거니는 중에, "그 파랗고 싱싱하던 잎사귀들이 저렇게 누렇게 시들어 버렸네. 저러다가 조금 있으면 다 떨어져 버리겠지? 그리고 나면 앙상한 가지만 남을 거야. 저런 것을 보면 우리 인생이 아무 것도 아니구나 하는 생각이 들어. 우리가 지금은 별것을 다해 보겠다고 이렇게 꿈에 부풀어 바쁘게 돌아다니지만 언젠가 하나님이 그만 살고 오라 하시면 저런 나무들처럼 다 두고 떠나야 할 때가 있을 텐데, 그때가 언제인지 모르지만 분명 천국엔 가겠지 하는 생각이 들어?" 하면서 친구의 신앙을 진단하며 복음 화제로 대화를 이끌어 간다.

3) 절기

성탄절, 부활절 등 교회 절기도 복음으로 이끌어 가는 좋은 접촉점이 될 수 있다. 성탄절을 맞이하여 크리스마스 선물을 준비하려고 친구하고 차를 타고 가는 중에, "OOO, 크리스마스가 무슨 날인지 알아?" 하고 그것을 접촉점으로 대화를 이끌어 가면서, 왜 예수님이 이 땅에 오셔야만 했는지를 설명하며 복음을 펼쳐 나간다.

또 많은 선물을 받아 기쁨에 차 있는 친구에게, "선물을 많이 받아서 좋겠구나. 그런데 네가 영생이라는 선물은 받았는지 그게 늘 궁금했어. 어때?" 하면서 그의 대답에 따라 무엇보다 제일 귀한 하나님의 선물을 소개한다.

4) 사건들

전도 현장에서 만나는 전도대상자들의 양상은 여러 가지다. 상황과 여건도 다르다. 우리는 쉬지 않고 일어나는 많은 사건 속에서 살아가고 있다. 예상 외의 큰 수익을 얻어 말할 수 없는 기쁨을 안고 돌아온 형제에게 "축하해. 정말 기뻐. 여기에다 영생의 기쁨도 같이 나눌 수 있다면 얼마나 좋을까? 우리가 누리는 이 땅의 기쁨은 사실 잠깐이야." 하면서 인생의 유한적 생명론을 펴며 복음 화제로 이끌어 간다. 또한 불의의 교통사고로 상처를 입은 이웃을 위로하면서도 자연스럽게 그것을 접촉점으로 만들어 복음을 제시할 기회를 만든다.

5) 특별한 장소

장례식이나 입관식은 아주 좋은 접촉점이 될 수 있다. 또 경치가 좋은 곳을 여행할 때도 마찬가지다. "정말 경치 한 번 기가 막힙니다. 아름답죠? 그런데 천국은 이것과는 비교할 수 없이 아름답다고 합니다. 훗날 천국에 가서도 우리 함께 그 좋은 천국을 구경하면서 그렇게 살면 좋겠네요. 그렇죠?" 하고 대화를 이끌어 가면서 진단과 함께 복음을 전한다. 엘리베이터를 타고 올라가면서도, "여기까지는 엘리베이터를 타고 올라왔지만, 여기서부터 천국은 어떻게 가는지 생각해 보셨어요?" 하고 시도해 본다. 여행 중 비행기 안에서도, "이 비행기는 목적지가 있어 이렇게 지금 날아가고 있죠? 우리 인생도 목적지가 있어요. 선생님은 그 목적지가 어디라고 생각하세요?" 하면서 천국 복음을 펼쳐 나갈 수 있다.

6) 환자들을 전도할 때

병원에 누워 있는 환자를 찾아가서 전도하는 경우다. 대뜸 언제라도 천국에 갈 수 있느냐고 묻는다면, 환자는 자신의 건강 상태가 아주 심각해서 그렇게 묻는 것으로 오해할 수 있다. 그때부터 그 환자는 낙심하며 누구하고도 대화하는 것을 귀찮아할 수도 있다. 물론 영혼을 사랑하는 만큼 신앙 진단은 중요하다. 그러나 이러한 경우에는 위로의 말로 먼저 마음을 열도록 한다. "이렇게 병원에 들어와 있다고 너무 낙심하지 마세요. 좋아지시겠죠. 그런데 사실 그보다 더 중요한 것이 있어요. 바로 우리 영혼의 문제예요." 하면서 복음을 펼쳐 나간다.

때로는 한창 고통을 겪고 있거나 몸이 너무 약해져서 대화조차 불편한 환자를 만나는 경우가 있다. 그때는 "부족하지만 함께 기도하고 싶어 왔습니다. 그런데 제가 OOO을 위해서 기도하는 것은 OOO을 위해 하나님께 부탁하는 거예요. OOO께서 하나님과 좀 무슨 관계라도 있으시면 OOO을 위해 드리는 부탁을 더 잘 들어주실 것 같은데요. 그러기 위해서는 제가 가르쳐 드리는 대로 OOO이 진심으로 하나님께 말씀드리세요." 하면서 죄인임을 고백하고 예수님을 영접하는 기도를 인도한다. 그리고 나서 전도지 영접 부분을 전한다. "죄를 가지고는 천국에 갈 수 없습니다. 그러나 조금 전에 OOO이 진심으로 하나님께, '나는 죄인입니다.'라고 말씀드리지 않으셨어요? 바로 그 고백을 하나님께서 들으시고 OOO의 모든 죄를 용서해 주셨습니다." 하면서 구원의 확신을 심어 주고 그분의 건강을 위해 기도해 준다. 그리고 계속 기도할 수 있는 용기와 의욕을 심어 주고 온다.

7) 직업

생명 보험이나 자동차 보험회사 직원을 만나 대화할 때가 있다. 이때 보험회사 직원은 "저희 회사 보험을 들어주셔서 대단히 감사합니다. 보답으로 선생님 영혼의 보험을 무료로 들어드리고 싶습니다. 잠깐만 들어 보세요." 반대로 손님 편이 전도자라면 "선생님 회사 보험을 들고 나니까, 이젠 제가 가지고 있는 보험도 소개하고 싶습니다. 이것은 무료로 드실 수 있는 보험입니다." 이렇게 상호관계를 활용해서 복음을 제시할 수 있는 좋은 접촉점을 만들 수 있다.

6장 신앙 상태 진단(4단계)

1. 진단이 왜 필요한가?

마치 의사가 환자를 만나면 자세히 진찰하고 나서 그 결과에 따라 처방하고 치료하듯이 우리는 진단을 통하여 전도대상자의 신앙을 파악하고 그에 따라 적절하게 복음을 전할 수 있다. 전도할 때 전도대상자에 대한 세심한 신앙 진단은 너무나 중요하며 꼭 필요하다.

2. 기본 진단은 어떻게 하는가?

진단 1 (천국 확신?)		진단 2 (예수님 영접?)
우리가 이렇게 살고 있지만 이 땅에 영원히 사는 사람은 한 사람도 없습니다. 저도 그렇고 누구나 다 한 번은 이 세상을 떠날 때가 있는데 그때가 언제인지는 모르지만 언제라도 '난 분명히 천국은 갑니다'라고 말씀하실 수 있으세요? * 진단 1의 결과에 따라 진단 2는 다음과 같이 합니다.	No	혹 언젠가 내가 죄인이라는 것이 깨달아지고, 예수님이 내 죄를 위해 십자가에서 대신 죽으시고 부활하셨다는 것이 믿어지고, 그래서 진심으로 회개하면서 예수님을 마음에 깊이 영접한 적도 **없으셨어요?**
	Yes	**그러니까 (물론)** 내가 죄인이라는 것이 깨달아지고, 예수님이 내 죄를 위해 십자가에서 대신 죽으시고 부활하셨다는 것이 믿어지고, 그래서 진심으로 회개하면서 예수님을 마음에 깊이 영접한 적이 **있으셨군요? (있으셨겠군요?)**

3. 진단 결과에 나타난 전도대상자의 신앙 상태는 어떠한가?

■ 대체로 전도대상자의 신앙 진단 결과를 분류해 보면 아래와 같다.

예수님을 영접 안했음	영접 안했음	구원의 확신 없음
	영접 안했음 ① 지식적인 동의 ② 객관적인 믿음 ③ 현세적인 믿음	구원의 확신 있다고 함 (착각하고 있음)
예수님을 영접했음	영접했음	구원의 확신 없음
	영접했음 (언제인지 기억 못함)	대부분 구원의 확신 없음
	영접했음	구원의 확신 있음

4. 구체적인 진단 방법과 결과에 대해 어떻게 대처하는가?

■ 구체적인 진단 방법과 그 진단의 최종 결과에 따라 어떻게 대처해 나가면
서 복음을 제시해야 하는가를 살펴본다.
(표는 최종 진단이 끝난 결과 표시)

대상	진단 1	결과	진단 2	최종결과		대처
모 든 전 도 대 상 자	우리가 이렇게 살고 있지만 이 땅에 영원히 사는 사람은 한 사람도 없습니다. 저도 그렇고 누구나 다 한 번은 이 세상을 떠날 때가 있는데 그때가 언제인지는 모르지만 '언제라도 난 분명히 천국은 갑니다' 라고 말씀하실 수 있으세요?	아니요.	혹 언젠가 내가 죄인이란 것이 깨달아지고, 예수님이 내 죄를 위해 십자가에서 대신 죽으시고 부활하셨다는 것이 믿어지고, 그래서 진심으로 회개하면서 예수님을 마음에 깊이 영접한 적도 없으셨어요?	① 아니요. 아직 없었어요. ※ 영접(X) 구원의 확신(X)		① 예수님을 영접한 적이 없고, 따라서 확신도 없는 사람 **–영접 부분과 확신 부분–** "그러고 보니 우리 오늘 참 귀한 시간을 갖게 된 것 같군요. 우리 인생을 사는 데 이것처럼 중요한 것이 없어요. 더구나 신앙생활 하고자 한다면 이건 굉장히 중요한 것입니다." 하면서 영접 부분 처음부터 시작해서 확신 부분 끝까지 복음 제시를 한다.
				② 있었죠. 그런 적이 있긴 하지만. ※ 영접(O) 구원의 확신(X)	그때가 언제쯤 이었어요?	② 예수님을 영접은 했지만 구원의 확신이 없는 사람 **– 확신 부분 –** "그러시군요. 당신이 진심으로 죄를 고백하고 예수님을 구주와 주님으로 영접한 그 순간, 하나님께서는 참 많은 은혜와 복을 주셨어요. 그것을 지금 다 말씀 드릴 수는 없지만, 그중에 5가지만 말씀드리겠습니다." 하면서 확신 부분만을 설명하고 분명한 구원의 확신을 심어 준다.
				② 특별히 언제라고 말씀드릴 수는 없지만 아무튼 난 내 죄를 대신해서 죽으신 예수님을 모시고 살면서 늘 기도는 하죠. ※ 영접(O) 구원의 확신(X)		
		그럼요. 물론이죠.	그런데 어떻게 그렇게 확실한 대답을 하실 수 있게 되었어요?	③ "저는 모태적 교인인 걸요" (자기 선행이나 자기 의를 의지하는 사람)		**필요에 따라 진단 3으로** ☞
			그러니까 (물론) 언젠가 내가 죄인이라는 것이 깨달아지고, 예수님이 내 죄를 위해 십자가에서 대신 죽으시고 부활하셨다는 것이 믿어지고, 그래서 진심으로 회개하면서 예수님을 마음에 깊이 영접한 적이 있으셨군요? (있으셨겠군요?)	④ 저는 회개하고 주님을 모시고 살고 있어요. ※ 영접(O) 구원의 확신(X)		
				④ 네. ※ 영접(O) 구원의 확신 (O)	그때가 언제쯤 이었어요?	**대처 부분 ④로** ☞

대상	진단 3	결과		대처
모 태 교 인	그러니까 (물론) 언젠가 내가 죄인이라는 것이 깨달아지고, 예수님이 내 죄를 위해 십자가에서 대신 죽으시고 부활하셨다는 것이 믿어지고, 그래서 진심으로 회개하면서 예수님을 마음에 영접한 적이 있으셨군요? (있으셨겠군요?)	③그런 건 아니지만, 전 열심히 교회 다니고 있고 남에게 못된 짓은 안하고 살았으니까... ※ 영접(X) 구원의 확신(X)		③ 예수님을 영접하지 않은 상태에서 착각하고 있는 사람 **-영접 부분과 확신 부분-** "그러고 보니 우리 오늘 참 귀한 시간을 갖게 된 것 같군요. 우리 인생을 사는 중에 이것처럼 중요한 것이 없어요. (더구나 신앙생활 하고자 한다면 이건 굉장히 중요한 것입니다.)" 하면서 역시 영접 부분을 설명하면서 적당한 때에 그가 착각하고 있던 것을 잘 설명해 주고, 확신 부분 끝까지 복음을 제시한다.
		④네. ※ 영접(O) 구원의 확신(O)	그때가 언제쯤 이었어요?	④ 예수님 영접하고 구원의 확신도 있는 사람 **- 확신 부분 -** "그러시군요. 그리고 보니 우린 주 안에 한 형제네요. 사실 그때부터 우리는 엄청난 하나님의 은혜와 복을 받은 사람이 되었죠. 이 시간 잠깐, 그때 우리가 받은 하나님의 은혜를 기억하면서 다시 한번 하나님께 감사하는 시간을 갖기로 하죠." 하면서 곧장 확신 부분을 설명해 나가면서 위로와 용기를 넣어 주어 다시 열심을 가지고 신앙생활을 계속할 수 있도록 권면한다. 분명히 예수님을 영접하고 구원의 확신을 가지고 있는 사람일지라도 이러한 구체적인 하나님의 은혜와 축복을 알고 행하고 누리고 있는 사람이 그리 많지 않다. 특히 여러 가지 사정과 형편으로 신앙생활을 쉬고 있는 사람에게 많은 도움을 주게 된다.

5. 여러 가지 상태에 있는 전도대상자의 신앙 진단과 대처 방법

<table>
<tr><td rowspan="6">1</td><td>가상 현장</td><td>오랜만에 만난 친구에게 : 진단 1, 진단 2를 순서대로 하는 경우</td></tr>
<tr><td>진단 방법</td><td>만나기 힘들다. 이러다가 누가 먼저 세상 떠나도 모르겠네. 안 그래? 이왕 얘기가 나왔으니 하나 물어 보자.
우리가 이렇게 살지만 영원히 사는 사람 있니? 나도 그렇고 언제라도 하나님이 부르시면 다 가는 거야. 그때가 언제인지 모르지만 난 분명히 천국은 간다 그런 생각은 하고 있는 거지?
—— 난 교회도 안 나가는데 내가 무슨 천국엘 가겠어.

그런데 이건 정말 중요한 거니까 잘 생각해 봐.
혹시 언젠가 내가 죄인이라는 것이 깨달아지고, 예수님이 내 죄를 위해 십자가에서 대신 죽으시고 부활하셨다는 것이 이상하게 믿어지고, 그래서 진심으로 회개하면서 예수님을 마음에 깊이 영접한 적 없었어?   —— 그런 거 없어.</td></tr>
<tr><td>현재 상태</td><td>전에 잠깐 교회 다니다가 지금은 다니지 않고 있음</td></tr>
<tr><td>신앙 진단 결과</td><td>예수님 영접 X, 구원의 확신 X</td></tr>
<tr><td>대처</td><td>영접 부분과 확신 부분을 모두 전함</td></tr>
</table>

2	가상 현장	친구 집에 갔다가 만난 사람에게 : 진단 1과 진단 2의 순서가 바뀌는 경우
	진단 방법	혹시 예수 믿으세요?　　　　　　　　　　　—— 아니요. 그러시군요! 전에 한 번도 신앙생활 해 보신 적 없으셨어요?　　—— 있었죠. 그러세요? 혹시 언젠가 내가 죄인이라는 것이 깨달아지고, 예수님이 내 죄를 위해 십자가에서 대신 죽으시고 부활하셨다는 것이 이상하게 믿어지고 그래서 진심으로 회개하면 서 예수님을 마음에 깊이 영접한 적 없으셨어요?　—— 있었죠. 그러세요? 그게 언제쯤이었어요? (When?)　　—— (2년) 전에요. 그러시군요! 물론 언제라도 분명히 천국 간다는 확신도 있으시죠? —— 없어요. 　　　　　　　　　　　(요즘은 교회도 나가지 못하고 있는 걸요.)
	현재 상태	현재 교회 다니지 않고 있으며, 전에는 교회 다닌 적이 있음
	신앙 진단 결과	2년 전 예수님 영접 O, 구원의 확신 X
	대처	확신 부분만 전함

■ 진단 1, 2의 순서가 바뀔 때도 있고, 진단 2만으로 끝날 때도 있다.
　때론 진단이 필요 없을 때도 있다.

3	**가상 현장**	교인에게 진단할 기회가 주어졌을 때 : 진단 1과 진단 2의 순서가 바뀌는 경우	
	진단 방법	늘 자매님을 보면 은혜를 많이 받으신 분 같아요. 언제 그렇게 은혜를 받으셨어요? (When?) 혹은 예수님을 영접하신 건 언제예요?　　　　　── (5년) 전에요. 그러시군요! 그러니까 벌서 5년 전에 내가 죄인이라는 것이 깨달아지고, 그래서 회개하면서 예수님을 마음에 깊이 영접하셨나 보군요?　　　　　── 네. 물론 언제라도 분명히 천국 간다는 확신도 있으시죠? 　　　　　── 그런데 이래가지고야 어떻게…	
	현재 상태	예수님을 영접하고 교회를 다니기는 하지만 신앙생활에 열심이 식어 있는 상태	
	신앙 진단 결과	2년 전 예수님 영접 O, 구원의 확신 X	
	대처	확신 부분만 전함	

4	**가상 현장**	미장원 혹은 이발소에서 차례를 기다리는 중에 옆에 있는 사람에게 : 진단 2 하나로 진단이 끝나는 경우	
	진단 방법	인상이 참 좋으시네요. 혹시 예수 믿으세요?　　　── 아니요. 그러시군요! 전에 신앙생활 해 보신 적 있으셨어요?　── 있었죠. 그러세요? 그럼 혹시 전에 신앙생활 하시는 중에 언젠가 내가 죄인이라는 것이 깨달아지고, 예수님이 내 죄를 위해 십자가에서 대신 죽으시고 부활하셨다는 것이 믿어지고, 그래서 진심으로 회개하면서 예수님을 마음에 깊이 영접한 적 없으셨어요?　　── 없었어요.	
	현재 상태	전에는 교회 다니다가 현재 쉬고 있음	
	신앙 진단 결과	예수님 영접 X, 구원의 확신 X	
	대처	영접 부분과 확신 부분을 모두 전함	

5	**가상 현장**	식당에서 식사를 하고 나오다가 마침 신문을 보면서 쉬고 있는 주인에게 : 진단이 필요 없을 것 같아서 바로 복음을 제시하는 경우
	진단 방법	일요일 하루는 좀 쉬나요? —— 아니요. 그럼 교회 같은 데도 통 못 나가시겠네요? —— 본래 교회는 안 다녔어요. 그러시군요!
	현재 상태	현재 교회 다니지 않고, 전에도 신앙생활 해 본 적이 없음
	신앙 진단 결과	예수님 영접 X, 구원의 확신 X
	대처	영접 부분과 확신 부분을 모두 전함

6. 구술을 꿰어 연습해 보자
(접근+복음 화제로 이끌어 가는 방법+진단+4분 전도)

가상 현장

전도 현장	접촉점	접근	복음의 화제로	진단 1	진단 2	진단 결과와 복음 제시
1) 친구와 3층에 있는 사무실에 올라가는 엘리베이터 안에서	엘리베이터	여기서 3층까지는 이렇게 엘리베이터를 타고 올라가지만	여기서부터 천국까지는 어떻게 가는지 생각해 봤어? (걸쳐 놓기)	사실 내가 그 얘기 괜히 한 거 아니야. 우리가 이렇게 살지만 영원히 사는 사람 있어? 한 사람도 없어. 나도 그렇고 언젠가 한 번은 이 세상을 떠나는데 그때가 언제인지 모르지만 언제라도 난 분명히 천국은 가지 그런 생각은 하고 있어? **그런 거 관심 없어.**	혹시 언젠가 내가 죄인이라는 것이 깨달아지고, 예수님이 내 죄를 위해 십자가에서 대신 죽으시고 부활하셨다는 것이 믿어지고, 그래서 진심으로 회개하면서 예수님을 마음에 깊이 영접한 적도 없었구? **없어.**	영접 X, 확신 X ① 시간이 충분하지 않을 때 **영접 부분만 전하고 결신 시간을 가진 다음 확신 부분은 자세히 읽어 보라고 하며 전도지를 준다.**

전도 현장	접촉점	접근	복음의 화제로	진단 1	진단 2	진단 결과와 복음 제시
② 사촌과 경치 좋은 곳을 여행하다가	아름다운 경치	야, 경치 한번 끝내준다.	그런데 천국은 이런 곳보다 더 기가 막힌다는데	우리 이 다음에 천국 가서도 이렇게 함께 천국 구경하고 그러려나? 어때? **내가 무슨 천국엘 가겠어?**	이왕 얘기가 나왔으니 하나 물어보고 싶은데, 혹시 언젠가 내가 죄인이라는 것이 깨달아지고, 예수님이 내 죄를 위해 십자가에서 대신 죽으시고 부활하셨다는 것이 믿어지고, 그래서 진심으로 회개하면서 예수님을 마음에 깊이 영접한 적도 없었구? **없어.**	영접 X, 확신 X ② 상황이 허락될 때 **영접 부분과 확신 부분 모두를 전한다.**

전도 현장	접촉점	접근	복음의 화제로	진단 1	진단 2	진단 결과와 복음 제시
3) 어느 가을 날 오래간만에 놀러 온 언니에게	단풍 나무	아니 언제 저렇게 단풍이 들었지? 정말 아름답네. 그런데 저 잎이 조금 있으면 어느새 다 떨어지고 가지만 앙상하게 남더라구.	난 저런 걸 보면서 우리 인생도 아무것도 아니구나 하는 생각이 들어. 지금 이렇게 잔뜩 벌려 놓고 그러지만 언젠가 하나님이 그만 살고 오라 하시면 저런 나무들처럼 다 던져버리고 가야 할 거라구.	어때? 언제라도 난 분명히 천국은 가지 그런 생각은 해요? **지금 교회도 못 나가고 있는데….**	혹시 언젠가 내가 죄인이라는 것이 깨달아지고, 예수님이 내 죄를 위해 십자가에서 대신 죽으시고 부활하셨다는 것이 믿어지고, 그래서 진심으로 회개하면서 예수님을 마음에 깊이 영접한 적도 없었구? **있었지… 오래 됐어.**	영접 O. 확신 X ③영접은 했으나 확신이 없을 때 **확신 부분만 자세히 설명해 준다.**

전도 현장	접촉점	접근	복음의 화제로	진단 1	진단 2	진단 결과와 복음 제시
4) 근심 걱정을 안고 낙심 중에 있는 전도 대상자를 찾아가서	근심 걱정	힘들죠? 하지만, 이 세상에 사는 사람 중에 근심 걱정 없는 사람이 어디 있어요? 이런 세상에서 우리가 영원히 살아야 한다면 얼마나 슬플까요?	그저 잠시 나그네처럼 살다가 하나님이 부르시면 걱정 보따리 모두 다 벗어 버리고 가는 거예요. 사실 그때 가는 곳은 딱 두 길 밖에 없거든요.	어때요? 언제라도 난 분명히 천국 간다는 자신 있어요? **천국, 그런 거 관심 없어요.**	혹시 언젠가 내가 죄인이라는 것이 깨달아지고, 예수님이 내 죄를 위해 십자가에서 대신 죽으시고 부활하셨다는 것이 믿어지고, 그래서 진심으로 회개하면서 예수님을 마음에 깊이 영접한 적도 없었구요? **그런 거 관심 없어요.**	영접 X, 확신 X ④ 중간에 제동(break) 걸릴 때 **"만일…" 하면서 확신 부분을 먼저 설명해 주고 다시 전할 기회를 갖는다.**

전도 현장	접촉점	접근	복음의 화제로	진단 1	진단 2	진단 결과와 복음 제시
5) 잘 나가는 친구와 식당에서 만나 음식을 주문해 놓고	축복	축하한다. 모두 다 어렵다는데 너만 축복을 받나 보다.	그런데 거기서 더 욕심을 부린다면 이 땅에서도 이렇게 축복을 받고 살면서, 사실 천국은 더 말할 수 없이 좋다는데 거기 가서 그 축복도 함께 누릴 수 있으면 좋겠어.	어때? 물론 언제라도 난 천국엔 가지. 그런 생각은 하고 살아? **관심 없어.**	이왕 얘기가 나왔으니 하나 물어보고 싶은데, 혹시 언젠가 내가 죄인이라는 것이 깨달아지고, 예수님이 내 죄를 위해 십자가에서 대신 죽으시고 부활하셨다는 것이 믿어지고, 그래서 진심으로 회개하면서 예수님을 마음에 깊이 영접한 적도 없었구? **아니.**	영접 X, 확신 X ⑤끝까지 영접을 거부할 때 **영접 기도를 가리키면서 꼭 그렇게 기도하라고 권하고, 성령님께 부탁 기도한다.**

7장 복음 제시(5단계)

예수님을 믿는 사람이라면 우리는 당연히 불신자에게 복음을 전할 수 있어야한다. 우리 인생은 내일 일을 알지 못한다. 누구나 구원받기 위해서는 반드시 예수 그리스도의 행하신 일을 믿고 예수님을 영접해야 한다. 이를 위해 우리는 정확하고 분명한 복음 메시지를 준비하고 있다가 언제라도 분위기나 상황이 허락될 때, "이거 읽어 보고 꼭 예수 믿으세요." 하고 그냥 전도지만 주고오는 것이 아니라, 그 기회를 놓치지 않고 즉시 복음을 들려주고 예수님을 영접하도록 도와줘야 한다.

다음은 전도지를 가지고 간단히 4분 동안도, 그림을 그려가면서 이야기식으로 40분 이상도 복음을 전할 수 있도록 정리해 놓은 복음 제시 내용이다.

1. CWM 전도지로 복음을 제시해 보자.

영접 부분		확신 부분	
1p 접근	2p 진단 부분 & 영접 부분	3p 확신 부분	4p 마무리 부분

2) CWM 4분 전도의 다섯 가지 경우(5 Case)

CWM에서는 전도지를 가지고 4분 동안 복음을 제시해서 예수님을 영접하게 도와주고 확신을 심어주는 것을 '4분 전도'라고 한다.

다음은 CWM 4분 전도로 아래와 같은 상황에서 여러 가지 신앙 상태의 사람에게 어떻게 복음을 전하는지 살펴보기로 하자.

첫째 경우(case)는

진단해 봤더니 아직 예수님을 영접하지 않았고 구원의 확신도 없는 사람에게 시간과 상황이 허락지 않아서 영접 부분까지만 전하는 경우다.

"그러시군요. 제가 이거 하나 (혹은 이거 하나 선물로) 드려야겠네요. 그런데 여기 잠깐 보시겠어요?" 하면서 손가락으로 전도지 2p, 왼쪽 그림을 가리킨다. 그리고 바로 자신의 손등을 만지면서 "우리가 다 이렇게 육체를 가지고 있지만 이 육체가 우리의 전부가 아녜요." 하고 다시 그림을 가리키면서

"이 동그란 것을 우리 육체라고 한다면 누구나 육체 안에는 영혼이 있어요. 언제라도 하나님이 부르시면 그때는 아무도 거부할 수 없이 육체를 벗고 이 영혼은 천국 아니면 지옥에 가야만 합니다.

그런데 천국은 죄가 있으면 갈 수 없는 곳이에요.

우리 중에 죄 없는 사람이 누가 있겠어요? 결국 우리는 다 그 죄 때문에 지옥으로 갈 수 밖에 없게 된 거죠. 그래서 하나님이 예수님을 보내셨어요." 하면서,

2p 오른쪽에 있는 예수님 그림을 가리키면서,

"예수님은 우리 죄를 해결하기 위해서 인간의 육체를 입고 이 땅에 오

셔서, (십자가를 가리키면서) 십자가에서 대신 죽으시고 3일 만에 다시 살아나셨어요. 그 예수님을 주(主)로 시인하고 믿음으로 영접하면 모든 죄를 용서받고 구원받아 천국 가게 됩니다.

이 시간 하나님 앞에 진심으로 이렇게 기도하면서 예수님을 영접하세요. 제가 도와드릴게요. 그냥 무심코 따라 하지 마시고 직접 자매님이 하나님께 진심으로 말씀하세요!" 하고 영접기도를 인도한다.

영접기도를 다 마치고 나서,

"감사합니다. 축하드려요. 지금 진심으로 죄를 회개하고 예수님을 영접한 그 순간 하나님은 자매님을 의롭다 하시고 많은 은혜와 복을 약속해 주셨어요." 하고 3p를 가리키면서 "그중에 우선 다섯 가지가 여기 있어요." 하며 계속 설명하려고 할 때, 바쁜 일이 있어 가야 된다고 하면,

"그런데 이것도 굉장히 중요하거든요. 우리 시간을 내서 한 번 더 만나요." 하고 다음 약속을 잡거나, 다시 만나기 힘든 사람에게는 나중에 꼭 읽어 보라고 하며 전도지를 쥐어 준다.

"그리고 이제 이번 주일부터 꼭 교회에 나가서 온 맘과 정성을 다해 예배를 드리세요. 예배는 하나님을 만나는 시간이고 구원받은 우리에게 최고의 영광스런 자리예요. 앞으로 혹시 신앙에 도움이 필요하면 연락 주세요." 하며 전도지를 준다.

직접 만나서 전도할 때는 "이거 하나 (혹은 이거 하나 선물로) 드려야겠네요." 하면서 전도지를 건네줄 때 전도지가 매개체가 되어 접근이 쉽다. 전도지에 있는 그림을 손가락으로 가리키면서, "그런데 여기 잠깐 보시겠어요?" 하고

그림을 가리키면, 그 그림에 눈이 가고 그때부터 관심 있게 계속 복음을 듣게 된다.

우리가 복음을 들려 줄 그때 성령님이 믿음을 선물로 살짝 밀어 넣어 주시면 놀랍게도 복음이 믿어져서 예수님을 영접하고 구원받는 역사가 일어나게 되는 것이다.

둘째 경우(case)는
진단해 봤더니 아직 예수님을 영접하지 않았고 구원의 확신도 없는 사람에게 그 자리에서 영접 부분과 확신 부분을 모두 전하는 경우다.

/ **영접 부분** / (첫째 경우와 똑같이 그대로 하면 된다.)

"그러시군요. 제가 이거 하나 (혹은 이거 하나 선물로) 드려야겠네요. 그런데 여기 잠깐 보시겠어요?" 하면서 손가락으로 전도지 2p, 왼쪽 그림을 가리킨다. 그리고 바로 자신의 손등을 만지면서 "우리가 다 이렇게 육체를 가지고 있지만 이 육체가 우리의 전부가 아녜요." 하고 다시 그림을 가리키면서
"이 동그란 것을 우리 육체라고 한다면 누구나 육체 안에는 영혼이 있어요. 언제라도 하나님이 부르시면 그때는 아무도 거부할 수 없이 육체를 벗고 이 영혼은 천국 아니면 지옥에 가야만 합니다.
그런데 천국은 죄가 있으면 갈 수 없는 곳이에요.
우리 중에 죄 없는 사람이 누가 있겠어요? 결국 우리는 다 그 죄 때문에 지옥으로 갈 수 밖에 없게 된 거죠. 그래서 하나님이 예수님을 보내

셨어요." 하면서,

2p 오른쪽에 있는 예수님 그림을 가리키면서,

"예수님은 우리 죄를 해결하기 위해서 인간의 육체를 입고 이 땅에 오셔서, (십자가를 가리키면서) 십자가에서 대신 죽으시고 3일 만에 다시 살아나셨어요. 그 예수님을 주(主)로 시인하고 믿음으로 영접하면 모든 죄를 용서받고 구원받아 천국 가게 됩니다.

이 시간 하나님 앞에 진심으로 이렇게 기도하면서 예수님을 영접하세요. 제가 도와드릴게요. 그냥 무심코 따라 하지 마시고 직접 자매님이 하나님께 진심으로 말씀하세요!" 하고 영접기도를 인도한다.

/ 확신 부분 /

영접기도를 마치고 나서, "감사합니다. 축하드려요." 하고 이어서,

"자매님이 지금 진심으로 죄를 회개하고 예수님을 영접한 그 순간 하나님은 자매님을 의롭다 하시고 많은 은혜와 복을 약속해 주셨어요. 그중에 우선 다섯 가지만 말씀드릴게요."

하면서 '언제'(When) 그 사람이 예수님을 영접한 시제 '조금 전에'를 앞에 넣어 가면서 3p 확신 부분 1, 2, 3, 4, 5를 하나씩 제목만 간단히 설명한다.

"조금 전에 진심으로 죄를 회개하고 예수님을 영접한 그 순간, 자매님은 모든 죄를 용서받았어요. 그리고 그 순간 자매님은 하나님의 자녀가 되었어요. 그리고 조금 전에 진심으로 죄를 회개하고 예수님을 영접한 그 순간, 예수님이 영으로 자매님 안에 들어가셔서 자매님은 성령을

모신 분이 되신 거예요. 그 성령님은 절대 떠나지 않으시고 천국까지 자매님을 인도하십니다. 그러니까 이제 자매님은 성령님의 도우심으로 천국에 가게 된 거예요.

그런데 자매님의 이름이 어떻게 되세요? 아~~ OOO예요~!! 그러시군요. 제가 여기에 이렇게 적어 드려야겠네요. 조금 전에 자매님이 진심으로 예수님을 영접한 그 순간, 자매님의 이름이 OOO 이렇게 하늘나라 생명책에 기록되었어요. 그리고 자매님은 천국 시민이 되셨어요. 이젠 언제든지 꼭 천국에 가시게 된 거예요. 얼마나 감사해요?!

이거 중요한 거니까 자세히 여러 번 읽어 보세요. 그리고 아직 예수님을 영접하지 않은 남편, 자녀들, 친구나 가까운 분들에게 이렇게 기도하자고 권하세요. 이 기도가 정말 중요한 거예요.

오늘 자매님, 이렇게 예수님을 영접하게 돼서 정말 기뻐요." 하면서 4p로 마무리하고, "앞으로 혹시 신앙에 도움이 필요하면 연락해 주세요." 하며 전도지를 손에 쥐어 준다.

여기서 확신 부분을 설명할 때, 먼저 '의인'이 된 것을 언급한다.
"자매님이 지금 진심으로 죄를 회개하고 예수님을 영접한 그 순간 하나님은 자매님을 의롭다 하시고…"의 이 '의롭다 하시고'는 대단히 중요하다.

우리 죄인을 위해서 십자가에서 순종하신 예수님을 영접할 때 바로 그 순간 예수님의 의가 우리에게 전가되면서 우리는 의인이라고 칭함을 받게 되는 것이다(롬 5:19).
그때부터 지옥으로 끌려가던 우리가 거듭난 하나님의 자녀로 신분이 완전히 바뀌었다(요 1:13). 소속이 바뀌고 운명이 바뀐 것이다.

여전히 우리 속에는 죄성이 그대로 있는데도 예수 그리스도를 영접한 그 순간 의인이라고 선언해 주시면서, 하나님의 의는 우리 인생 여정에 보호자가 되어 동행하시면서 천국까지 이르게 하신다. 그리고 그 의인들만이 누리는 헤아릴 수 없는 하나님의 은혜와 복을 영원히 누릴 수 있게 하시는 것이다.

우리가 이런 하나님의 은혜와 복을 누릴 수 있게 된 것은 단지 죄를 용서받았기 때문이 아니고 의인이 되었기 때문이라는 것이다. 생각할수록 '의인'이 되었다는 것이 얼마나 큰 하나님의 은혜인지? 이것은 예수 그리스도 안에서 우리에게 베푸신 형용할 수 없는 하나님의 사랑이다. 우리가 예수님을 영접한 순간 이러한 전환이 일어났다. 예수님을 영접한다는 것이 이렇게 중요하다. 그러나 우리가 전해야 저들이 듣고 예수님을 영접하고 이런 은혜를 누리게 된다.

셋째 경우(case)는
진단해 봤더니 이미 예수님을 영접했는데 구원의 확신이 없는 사람에게 확신 부분만 전하는 경우다.

예수님을 영접했다고 하는 사람에게 우리가 꼭 잊지 말아야 할 것은, '언제'(When), 예수님을 영접한 그 시점인데, 즉 언제 예수님을 영접했느냐고 물어보는 것이다. "오래됐어요." 하거나 "2년 전에요." 할 때, "그러시군요. 그러니 언제든지 하나님이 부르시면 분명히 천국에 간다는 그런 생각은 하고 계시죠?"
그때 대답이, "믿음이 있어야죠~~.", "글쎄요. 그때 가 봐야 알겠죠.", "노력해야죠." 이런 사람에게 확신 부분만 자세히 전해 주는 경우다.

"그러시군요. 제가 이거 하나 (혹은 이거 하나 선물로) 드려야겠네요. 그런데 여기 잠깐 보시겠어요?" 하고 전도지 3p를 보여 주면서, '언제'(When) 그때가 2년 전일 경우는 "자매님이 2년 전에 진심으로 죄를 회개하고 예수님을 영접한 그 순간, 하나님은 자매님을 의롭다 하시고 많은 은혜와 복을 약속해 주셨어요. 그중에 우선 다섯 가지만 말씀드릴게요." 하면서 1, 2, 3, 4, 5를 하나씩 자세히 설명해 준다.

"2년 전에 진심으로 죄를 회개하고 예수님을 영접한 그 순간, 자매님은 모든 죄를 용서받았어요. 그러나 그 이후에나 혹 앞으로 또 죄를 짓게 되더라도, 그때마다 진심으로 회개하면 용서받고 꼭 천국에 갈 수 있어요. 그러니까 회개하는 것만 잊지 않으면 됩니다.

그리고 2년 전에 자매님이 진심으로 예수님을 영접한 그 순간 그때부터 자매님은 하나님의 자녀가 되었어요. 무엇이든지 기도로 하나님과 의논하고 부탁하면서 하나님의 자녀 된 권세를 맘껏 누리세요. 그리고 물론 하나님의 자녀다운 생활을 하려고 힘써야죠.

그리고 2년 전에 자매님이 진심으로 예수님을 영접한 그 순간, 예수님이 영으로 자매님 안에 들어가셔서 자매님은 성령을 모신 분이 되었어요. 그때부터 지금까지 그리고 앞으로도 계속 성령님은 자매님을 떠나지 않고 늘 도와주시고 교훈하시면서 천국까지 인도해 주시죠. 그분께 모든 것을 맡기고 순종하기만 하면 됩니다.

그런데 자매님 이름이 어떻게 되세요? 아~~ ○○○예요~~!! 그러시군요. 제가 여기에 이렇게 적어 드려야겠네요. 2년 전에 자매님이 진심으로 예수님을 영접한 그 순간, 자매님의 이름이 OOO 이렇게 하늘나라 생명책에 기록되었어요. 그리고 자매님은 천국 시민이 되셨어요. 이젠 언제든지 꼭 천국에 가시게 된 거예요. 이젠 확신을 가지고 온 맘 다해 하나님을 사랑하면서 하나님이 기뻐하시는 일을 많이 하세요. 자매님이 일한대로 상을 받아 천국에서 영원히 누리며 살게 됩니다.

정말 축하드려요. 예배는 하나님을 만나는 시간이고 구원받은 우리에게 최고의 영광스런 자리입니다. 정성을 다해 예배를 드리면서, 이 귀한 하나님의 사랑을 꼭 주위에 믿지 않는 사람들과 나누시기 바랍니다. 앞으로 혹시 신앙에 도움이 필요하면 연락해 주세요." 하고 전도지를 준다.

여기서 우리가 꼭 기억해야 할 것은, '언제'(When) 예수님을 영접한 '그때'다. 우리가 이렇게 구원받고 의인이 되어 이 풍성한 하나님의 은혜와 복을 영원히 누릴 수 있게 된 것은 바로 '그때' 예수님을 영접했기 때문이다.

언제인지 잘 모르겠지만 분명히 예수님을 영접한 사람이면 '언제인지 모르지만 OOO이 예수님을 영접한 그때'라고 하면서 확신 부분을 설명해 준다.

이렇게 확신 부분을 통해 자신이 하나님의 엄청난 사랑을 받고 있다는 확신과 감격이 있는 사람은 그 무엇으로도 흔들릴 수 없다. 끝까지 모든 것을 인내하고 승리하는 성도로 사명을 감당하면서 주님 맞을 신부로 준비하게 되는 줄 안다. 이 확신 부분은 바로 그런 의도를 가지고 있다.

넷째 경우(case)는

진단해 봤더니 아직 예수님을 영접하지 않았고 구원의 확신도 없는 사람에게 복음을 전하는 도중 제동(break)이 걸릴 때, 먼저 확신 부분을 전하고 마음이 열리면 다시 예수님을 영접할 기회를 갖는 경우다.

열심히 복음을 전하는 도중에 갑자기, "관심 없어요. 나중에요. 알았어요. 그냥 그거 하나 두고 가세요." 하면서 제동을 걸 때가 있다. 그럴 때는 일단 전하던 복음을 거기서 멈추고, "알았어요. 그런데 말이죠. 만일 지금이라도 자매님이 복음을 듣고 예수님을 영접한다면" 하면서 말을 '만일'(if), 미래로 바꿔서 먼저 확신 부분을 간단히 전한다.

"만일 자매님이 지금이라도 진심으로 죄를 회개하고 예수님을 영접한다면, 자매님은 모든 죄를 용서받게 되는 거예요.
그리고 만일 자매님이 지금이라도 진심으로 예수님을 영접한다면, 자매님은 하나님의 자녀가 되는 것이죠. 그때부터 무엇이든지 기도로 하나님과 의논하고 부탁하면서 하나님의 자녀 된 권세를 맘껏 누릴 수 있게 되는 거죠."라고 하되, 그런데 이때 꼭 기억해야 할 것이 있다. 지금 이 사람은 아직 마음을 열지 못하고 있기 때문에 '하나님의 자녀다운 생활을 하려고 힘써야죠.' 하는 부분은 언급하지 않는다.

그리고 "만일 자매님이 지금이라도 진심으로 예수님을 영접한다면, 그 순간 예수님이 영으로 자매님 안에 들어가셔서 자매님은 성령을 모신 분이 되는 거예요. 그때부터 성령님은 자매님을 떠나지 않고 늘 도와주시고 교훈하시면서 천국까지 인도해 주시죠.

그런데 자매님 이름이 어떻게 되세요? 아~~ OOO예요~~!! 그러시군요. 제가 여기에 이렇게 적어 드려야겠네요. 만일 자매님이 진심으로 예수님을 영접하면 그 순간, 자매님의 이름이 OOO 이렇게 하늘나라 생명책에 기록이 돼요."

그러면서 전도지에 있는 요한계시록 20장 15절을 가리키면서 읽어 보라고 부탁한다. 그리고 여기서, "불 못은 지옥을 말하는 거예요. 천국에 가지 못한다는 거예요. 지옥에 간다는 말씀이에요." 하면서 지옥을 강조한다. 필요에 따라서는 성경에 기록된 마가복음 9장 48절의 말씀을 인용해서 지옥을 설명해 주는 것도 좋다. 그러고 나서,

"그런데 만일 자매님이 지금이라도 예수님을 영접한다면 생명책에 기록된 대로 꼭 천국에 갈 수 있어요.

그리고 천국 시민이 되는 거예요. 이런 축복을 왜 마다하시겠어요?" 하면서 다시 2p 영접기도를 가리키면서,

"오늘 이 기회를 놓치지 마세요. 물론 앞으로 또 기회가 있겠지만 없을 수도 있어요. 지금 같이 기도해요. 제가 도와드릴게요. 하나님~~!! 한 번 해 보세요!" 하면서 다시 예수님을 영접하도록 권한다. 영접기도를 하고 나면 감사하다고 말하고,

"이거 중요한 거니까 자세히 여러 번 읽어 보세요. 그리고 아직 주위에 예수님을 영접하지 않으신 분이 있으면 오늘 들은 말씀을 나누시고 꼭 이렇게 기도하자고 권하세요. 이 기도가 정말 중요한 거예요.

오늘 자매님, 이렇게 예수님을 영접하게 돼서 정말 기뻐요." 하고 4p 마무리 부분을 전하고 전도지를 준다.

이것은 실제 전도 현장에서 제일 많이 사용되는 경우다.

다섯째 경우(case)는

진단해 봤더니 아직 예수님을 영접하지 않았고 구원의 확신도 없는 사람에게 복음을 전하는 도중 제동(break)이 걸릴 때, 말을 '만일'(if), 미래형으로 바꿔서 먼저 확신 부분을 전하고 다시 예수님을 영접할 기회를 가지려 해도 끝까지 마음을 열지 못하는 경우다.

> 이런 때는, "알았어요. 제가 잠깐 축복하는 기도만 하고 갈게요." 하면서 간절히 그분을 축복하고 성령님께 부탁하는 기도를 하고, "나중에 시간이 있을 때 읽어 보고 꼭 이렇게 기도하세요." 하고 전도지를 주고 온다.

그냥 실망하고 포기할 것이 아니다. 때로는 물리치고 대적하는 기도가 필요하다. 상황에 따라 그 자리에서 아니면 나중에 내 기도자리에서라도 복음을 방해하는 세력을 파쇄하고 그를 위해 축복하는 기도는 반드시 필요하다.

그동안 만났던 전도 현장 사례들을 고려해서 그때마다 필요했던, 웬만한 기도들을 일일이 넣어 '전도 현장 출동 기도문'을 만들어 놓았다.

이 기도문을 복사해서 반을 접고, 이왕이면 코팅까지 해서 늘 준비해 두고 수시로 필요할 때마다 사용하면 좋다.

출동 전에 모여서, 아니면 차에서 혼자라도 이 기도를 하고 현장에 나가면, 정말 담력도 생기고, 주님의 기름 부으심을 생생하게 느끼곤 한다.

전도 현장 출동 기도문

(매일 기도하고, 나가기 전 기도하고)

1. 회개와 헌신 (먼저 자신의 죄를 낱낱이 고백하고 버리는 결단을 한 다음)

주님, 저의 죄와 허물을 주의 보혈로 씻어 주시고 영육을 강건하게 하옵
소서. 이 시간 복음을 위해 제 모든 지체를 전도의 도구로 드립니다. 사용
하여 주옵소서.

2. 그리스도의 심장

아버지의 마음을 부어 주셔서 믿지 않는 영혼을 불쌍히 여기고 사랑하는
마음을 주옵소서. 오늘 만나는 그 영혼이 꼭 구원받기를 간절히 소원하는
마음을 주옵소서.

3. 성령님의 역사

제(우리) 앞에 전도의 문을 열어 주시고 동행해 주옵소서. 저(우리)를 사
로잡아 주옵소서. 전도 현장을 보혈로 덮으시고 돕는 천사들을 많이 보내
주옵소서.

이 시간 하나님의 전신갑주를 입습니다(엡 6:11-17).

진리의 허리띠를 띠고, 의의 호심경을 붙입니다.

복음의 신을 신고, 믿음의 방패를 듭니다.

구원의 투구를 쓰고, 성령의 검을 들고 나갑니다.

지혜와 담력을 주시고 마땅히 할 말을 제(우리) 입에 넣어 주셔서 그리스

도의 비밀을 담대히 전하게 하옵소서. 듣는 자의 굳은 맘을 제하시고 부드러운 맘을 주셔서 그들이 복음을 들을 때 예수 그리스도를 믿고 영접하게 하옵소서.

4. 전도지를 위한 기도
전도지 한 장 한 장을 주님의 보혈로 덮으시고 기름 부어 주옵소서.
읽는 자나 듣는 자가 다 회개하고 예수 그리스도를 영접하게 하옵소서.

5. 악한 영들을 향해 명령
예수 이름으로 명령하노라!
전도 현장에 자리 잡고 있는 견고한 진은 무너질지어다!
믿지 않는 자들의 마음을 혼미하게 하여 그리스도의 복음의 광채가 비취지 못하게 하는 악한 영들아, 그 자리에서 떠나가라!
불신의 영, 거짓의 영, 미혹의 영, 전도를 방해하는 악한 영들아,
떠나가라!
전도에 대한 부정적인 생각과 부끄럽게 하고, 두렵게 하고, 약하게 하는 악한 영들아, 묶임을 받고 나(우리)에게서 다 떠나가라!

선포: "내가 복음을 부끄러워하지 아니하노니 이 복음은 모든 믿는 자에게 구원을 주시는 하나님의 능력이 됨이라"(롬 1:16)
"내가 너희에게 뱀과 전갈을 밟으며 원수의 모든 능력을 제어할 권세를 주었으니"(눅 10:19)
구호: 나가자! 전하자! 할렐루야! 아멘!

3) CWM 전도지 특징

- CWM에서 자체적으로 제작하여 사용하는 전도지다.
- 복음의 핵심이 매우 잘 정리되어 있어 전할 때 복음의 능력을 경험하게 된다.
- 나이, 신분, 형편에 관계없이 폭넓게 접촉점을 만들어 다가갈 수 있다.
- 복음 제시 내용이 영접 부분과 확신 부분으로 구성되어 있어 예수님을 영접하는 것과 그 후 누리게 되는 하나님의 은혜와 복을 전할 수 있으며, 전도대상자의 신앙 상태와 상황에 맞춰 복음을 전할 수 있다.
  ① 예수님을 영접하지 않았고 구원의 확신도 없는 사람에게, 그 자리에서 예수님을 영접하는 것과 함께 구원의 확신을 심어줄 수 있다.
  ② 예수님을 영접은 했으나 구원의 확신이 없는 사람에게, 확신 부분을 전해 주면서 구원의 확신과 함께 양육을 병행할 수 있다.
  ③ 예수님을 영접하고 구원의 확신은 있는데 신앙생활에 나태해져 있는 사람에게 확신 부분을 통해 용기, 소망, 열심, 재충만을 갖게 해 준다.
  ④ 예수님을 영접하기를 거부하는 사람에게 먼저 확신 부분을 설명해 주고, 마음이 열릴 때 영접기도를 하도록 돕는다.
- 만화 전도지는 어린이용과 학생, 청년, 어른에 이르기까지 사용할 수 있는 일반용이 있다.
- 30개 언어로 번역된 전도지는 다민족 전도에 용이하다.

2. 그림을 그리며 CWM Full 복음 제시

시간이나 상황이 충분히 허락될 때 그림을 그려 가면서 자세히 복음을 전해 줄 수 있다. 40분 정도 시간이 소요된다. 피상적으로나 지식으로가 아니고 좀 더 하나님의 그 사랑을 실제 가슴으로 느끼게 된다. 복음을 통해 하나님이 나를 얼마나 사랑하시는지, 내가 하나님 앞에 얼마나 귀한 존재인지를 깨닫고 감사와 감격 속에 신앙생활할 수 있게 된다.

1) 그림의 유용성
① 이해하기 쉽다.
② 듣는 사람에게 흥미와 집중력이 생긴다.
③ 복음 제시 중 다른 일로 잠시 끊어졌다가도 다시 연결하기가 용이하다.
④ 내용을 외우지 않아도 쉽게 복음을 제시할 수 있다.

2) 그림을 그리며 CWM Full 복음을 펼쳐 보자.

/ 영접 부분 복음 제시 /

그리고 보니 우린 오늘 너무 귀한 시간을 갖게 된 것 같습니다. 우리 인생을 살아가는데 이것처럼 중요한 것이 없습니다. (교회에 다니고 있는 사람일 때는 한 마디 더 붙여서) 더구나 신앙생활을 하고자 한다면 이것은 아주 중요합니다.

(1) 육체와 영혼, 천국과 지옥

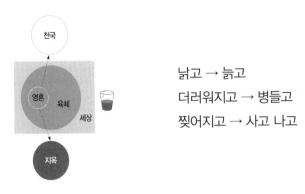

낡고 → 늙고

더러워지고 → 병들고

찢어지고 → 사고 나고

옷의 비유

제가 이렇게 옷을 입고 있잖아요? 이 옷을 너무 오래 입어서 낡아지면 그때 벗어 버릴 수밖에 없어요. 또 옷이 좀 더러워지면 빨면 되겠지만 천이 상할 정도가 되면 그때도 벗어 놓아야 합니다. 옷이 찢어진 경우도 마찬가지예요. 어디가 조금 찢어졌으면 꿰매 입을 수 있어요. 그러나 너무 심하게 찢어지면 그 옷을 벗어 놓을 수밖에 없게 되죠.

그렇듯이 우리가 이렇게 육체를 가지고 있지만 이 육체가 우리의 전부가 아니에요. 육체 속에는 누구나 영혼이 있어요. 하나님께서는 이 육체를 영혼의 옷으로, 집으로, 그릇으로 성경 여러 곳에 말씀해 주셨죠. 제가 그림을 그려 가면서 말씀을 드리면 이해가 더 잘 되실 것 같군요. 여기 좀 보세요. 이것을 우리의 육체라고 한다면, 이 육체 속에 영혼이 들어 있습니다.

늙음

우리 영혼이 이 육체를 옷처럼 입고 있다가 너무 오래 입어서 낡아지면 이 낡은 육체를 벗어 놓게 되는데, 그때 우리는 이 사람이 너무 연로해 세상을 떠났다고 합니다.

병듦

또 우리 육체가 더러워졌다는 것은 몸에 상처가 나고 상했다는 얘기인데, 그때는 주사를 맞든지 약 처방을 받으면 됩니다. 그러나 병원에서도 포기할 정도가 되면, 이 상한 육체를 벗어 놓게 되는데, 그때 이 사람이 병이 들어 세상을 떠났다고 합니다.

사고

그런가 하면 예를 들어, 여기 이렇게 컵에 물이 들어 있다고 해 보죠. 이 컵이 산산조각이 나면 물은 저절로 다 흘러나오게 됩니다. 그것처럼 아주 흔한 예로, 교통사고가 난 경우를 한번 생각해 보죠. 사고로 이 육체가 너무 심하게 상하면 이 영혼은 더 이상 이 상한 육체 속에 머물러 있을 수 없고 벗어 놓는 순간, 이 사람은 교통사고가 나서 세상을 떠났다고 합니다.

죽음

그리고 벗어 놓고 간 육체를 땅에 묻어 주면서 기념해 주는 것을 우리는 장례식을 한다고 하죠. 그러니까 죽음이란 바로 이 영혼과 육체가 분리되는 것을 말하는 것입니다. 성경에 "한번 죽는 것은 사람에게 정하신 것이요 그 후에는 심판이 있으리니"(히 9:27)라고 그러셨어요.

천국과 지옥

그럼 이 영혼이 육체를 벗어 놓는 순간 어떻게 되느냐 하면요, 그때는 믿든지 안 믿든지 천국 아니면 지옥, 두 길 중에 한길을 가게 돼요. 지금도 이 세상 여기저기서는 많은 사람이 태어나는가 하면, 또 수없이 많은 사람이 늙거나, 병이 들거나 사고가 나서, 육체를 벗어 놓고 각각 그 두 길 중에 하나의 길을 가고 있어요. 그때부터 그들은 다시는 돌이킬 수 없는 그 무서운 고통 가운데 지옥에서, 아니면 말할 수 없는 평안과 기쁨 가운데 천국에서 영원히 살게 되는 겁니다. 물론 누구나 다 지옥보다는 천국에 가기를 원할 거예요. 그렇죠? 그런데 천국을 선택할 수 있는 기회는 오직 우리가 이 땅에 살고 있는 동안뿐이에요. 그렇지만 우리가 이 땅에서 언제까지 살게 될지 아는 사람이 있을까요? 그날은 순서도 없고 기약도 없어요. 우린 그날을 준비하고 있어야 합니다.

그럼 천국은 어떤 곳일까요? 천국은 죄가 없고 거룩하신 하나님이 계신 곳입니다. 그런 하나님이 계시는 천국에 가려면 우리도 죄가 없어야만 합니다.

(2) 죄인 - 인간의 죄로 인한 전적인 부패

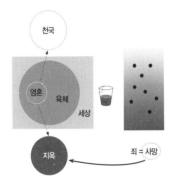

어떠세요? 당신이 죄인이란 생각을 해 본 적 있으세요?

먼지 가득한 방의 예

처음부터 우리 모든 사람은 인간의 조상 아담으로 인해 오염된 죄성을 가지고 이 세상에 태어났어요(롬 5:12). 그런데 우리가 살고 있는 세상은 어떤 세상입니까? 마치 이미 먼지가 가득 쌓여 있고 지금도 계속 먼지가 쌓이고 있는 방과 같은, 죄로 인해 완전히 부패되고 점점 더 악해져 가고 있는 세상입니다. 먼지가 가득한 방에서는 아무리 먼지를 피하면서 조심하고 산다고 해도 먼지를 묻히지 않고 살 수 없듯이 더구나 죄성을 가지고 태어난 우리 인간은 이런 악한 세상의 유혹을 피할 수 없어 결국 우리는 끊임없이 또 죄를 지면서 살게 되는 겁니다.

그리고 우리는 흔히 죄라고 하면 사람들 사이에 지은 죄만 생각하기 쉬운데, 성경에 "죄에 대하여라 함은 저희가 나를 믿지 아니함이요"(요 16:9)라고 말하고 있습니다. 태어나면서부터 하나님을 배반한 인간의 후손으로 태어난 우리는 모두 이미 하나님 앞에 죄인이랍니다. 우리가 생각하는 대인 관계의 죄는 그 다음이에요. 이런 죄를 가지고는 거룩하신 하나님이 계신 천국에 갈 수 없어요.

죄의 값은 사망

이 세상에서도 죄를 짓게 되면 감옥에 가든지 벌금을 내든지, 어떻게 해서든 죄의 대가를 치러야 합니다. 그런데 성경에 "죄 값은 사망"(롬 6:23)이라고 했어요. 결국 우리는 영원한 사망인 지옥으로 갈 수밖에 없게 된 것입니다.

지옥은 세상의 어떤 고통보다도 더한 고통이 있는 곳이에요. 유황불이 극렬하게 타오르는 불 못에서 너무 뜨겁고 고통스럽지만 쉼도 끝도 없이 말로 형언할 수 없는 무서운 고통 가운데 영원히 살아야만 하는 곳이 바로 지옥이에요(눅 16:24, 25). 그곳에 한번 던져지면 영원히 빠져 나올 수도 없습니다. 거기서는 차라리 죽고 싶어도 죽을 수도 없어요. 예수님께서는 "만일 네 눈이 너를 범죄하게 하거든 빼어 내버리라. 한 눈으로 영생에 들어가는 것이 두 눈을 가지고 지옥 불에 던져지는 것보다 나으니라"(마 18:9)고까지 말씀하셨어요.

(3) 예수님 - 예수 그리스도의 십자가 구속의 은혜

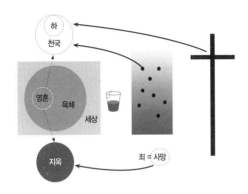

하나님의 사랑과 공의

하나님은 우리를 너무 사랑하셔서 우리가 그대로 지옥에 가는 것을 원치 않으십니다. 물론 그분은 사랑으로 우리 죄를 그냥 용서해 주실 수도 있지만 공의의 하나님이시기 때문에 반드시 우리의 죄를 해결하셔야만 했습니다. 그러나 성경에 "의인은 없나니 하나도 없으며"(롬 3:10)라고 그랬습니다. 모두가 죄인이니 이 세상에는 우리의 죄를 대신해 줄 수 있는 사람이 없습니다.

예수님의 죽으심과 부활

결국 하나님은 우리를 구원하시려고 죄 없으신 독생자 예수 그리스도를 우리 대신 희생 제물이 되게 하시고(고전 5:7), 우리가 받아야 할 죄의 형벌을 대신 받게 하시면서 우리의 죗값을 지불하셨습니다. 그리고 즉시 우리의 죄 때문에 하나님과 우리 사이를 가로막았던 휘장을 찢으셨어요. 그리고 3일 만에 예수님을 다시 일으키시고, 그 모든 사실(복음)을 만민이 듣게 하시며 부르십니다. "와라! 와서 옛날처럼 같이 살자!" 두 팔을 벌리고 간절히 바라고 계십니다.

믿음

그러므로 누구든지 그 음성을 듣고 진심으로 죄를 회개하면서 예수님을 구주와 주님으로 영접하면 모든 죄를 용서받고, 구원받아(롬 10:9) 그때부터 하나님이 주시는 무한한 은혜와 복을 누리게 됩니다.

문 두드리는 그림

혹시 예수님이 문을 두드리고 계신 그림을 본 적이 있으세요?(계 3:20) 바로 이 모든 사실을 들려주고 믿게 해서 천국에까지 인도하시기 위해 그동안 끊임없이 당신의 마음을 두드리고 계시는 예수님의 모습입니다. 예수님은 목사님의 설교를 통해서, 여러 전도인을 보내셔서, 또는 찬송가나 양심의 소리나, 그동안 여러 가지 생활을 통해서 지금까지 근 ○○년 동안이나 계속 당신의 마음을 두드리고 계셨던 거예요. 당신을 너무 사랑하시는 예수님은 포기하지 않으시고, 지금은 저를 통해서 이렇게 당신의 마음을 두드리고 계십니다. 바로 이 예수님을 이제 믿음으로 영접하면 됩니다. 또 한 번 기회를 주시는 것이라고 생각하세요. 하나님은 인격적인 분이시기 때문에 당신을 무척이나 사랑하시지만 당신이 믿음으로 기쁘게 환영하면서 영접하기를 기다리십니다. 물론 지금까지는 이런 사실을 잘 모르셨거나, 아니면 오늘 같은 이런 기회가 없어서 예수님을 영접하지 못하셨다 하더라도 지금 이 시간 예수님을 영접하면 구원받을 수 있습니다. 오늘의 이 기회를 놓치지 마십시오. 기회가 항상 있는 것이 아닙니다.

(4) 영접

- 집안 청소
- 회개
- 영접

집안 청소

그러면 어떻게 이 예수님을 영접하는가에 대해 말씀드리겠습니다. 사람들은 손님이 온다고 하면 제일 먼저 집안 청소부터 합니다. 그리고 문을 두드리면 곧 문을 열고 반갑게 맞아들이지 않나요? 똑같습니다.

회개

성경에 예수님을 믿지 않는 것이 죄라고 했습니다(요 16:9). 그리고 하나님의 말씀대로 삶을 살지 못한 것이 죄입니다(요일 3:4). 예수님을 영접하려면 바로 자신이 그런 죄인임을 입으로 시인하고 용서를 구해야 합니다.

영접

그리고 예수님이 당신의 죄를 위해 대신 십자가에서 죽어 주시고 부활하신 것을 믿고 그분을 당신 인생의 주인으로 영접해야 합니다(롬 10:10).

이제 같이 기도하실 텐데, 혹 무엇부터 어떻게 기도해야 할지 몰라 당황하실 것 같아서 제가 기도 내용을 가르쳐 드리겠습니다. 그러나 그것을 그냥 따라 하지 마시고, 그 기도 내용을 당신이 직접, 진심으로 소리를 내서 하나님께 말씀드리세요. 이왕이면 지금 이 기도를 진심으로 드린다는 것을 하나님 앞에 표현하는 마음으로 가슴에 손을 얹어 보여 드리면서 기도하면 우리 하나님이 더 기뻐하실 것 같은데, 우리 그렇게 하죠.

하나님, 저는 죄인입니다.

하나님을 잘 몰랐고 잘 섬기지 못했습니다.

사람들에게도 마음으로 행동으로 지은 죄가 많습니다.

저를 용서해 주옵소서.

제 모든 죄를 용서해 주시기 위해 십자가에서 대신 죽으시고

다시 사신 예수님을 믿습니다.

이 시간 제 마음을 열고 예수님을 영접합니다.

이제부터 예수님이 제 인생의 주인이 되어 주시고

천국에 가는 날까지 동행해 주옵소서.

예수님의 이름으로 기도합니다. 아멘.

 지금 저하고 같이 하신 기도, 하나님 앞에 진심으로 하셨죠? 감사합니다.
 이제 당신은 모든 죄를 용서받고 구원받았습니다. 축하합니다.

영접기도 요소

    ① 죄인임을 고백

    ② 내 죄를 대신해서 죽으시고 다시 살아나신 예수님을 믿는 고백

    ③ 내 인생의 주인으로 모셔 들이는 고백

    ※ 직접 진심으로 고백하고 시인하는 겸손한 믿음의 행동

확신 부분의 유용성

    ① 분명한 구원의 확신

    ② 신앙 정립과 기본 양육

    ③ 열린 마음 만들기

    ④ 활력 있는 신앙생활

다음은 바로 이 순간 하나님께서 주신 은혜와 복에 대해서 말씀드리겠습니다. 하나님께서는 당신을 이렇게 구원받게 하시려고 오래 전부터 당신을 마음에 품고 계셨어요. 그리고 이런 기회를 갖게 하시려고 그동안 계속 부르셨던 겁니다. 그런데 오늘 드디어 저를 통해서 부르시는 그 음성을 듣고 마음을 열어 이렇게 예수님을 영접하게 된 거죠. 그런 당신을 하나님은 말할 수 없이 기뻐하시면서 즉시 예수님의 의로 덮어 주셨고 당신을 의롭다고 하셨어요(롬 8:30).

그 의롭다 함을 받은 사람들이 누리는 헤아릴 수 없는 은혜와 복을 이제 말씀드릴 텐데, 그 전에 먼저 이해를 돕기 위해 예를 들어 보겠습니다.

평생 갚아도 다 갚을 수 없는 큰돈을 빚진 사람이 있는데, 어떤 큰 회사 재벌 회장이 그 많은 빚을 다 청산해 주었습니다. 그리고 그것뿐 아니라 그 자리에서 즉시 그 회사의 평생 직원 임명장을 그에게 주면서 그 회사에서 주는 모든 혜택과 평생 노후 대책까지 다 누리게 해 줬다면 어떨까요? 그 순간 그 사람의 인생은 완전히 달라진 것입니다. 어떤 공적이나 그만한 자격 요건이 충족되어서가 아닙니다. 오직 그 회장이 베푸는 은혜입니다. 그 회장이 빚만 갚아 준 것이라면 그때는 그 사람에게 빚은 없어졌지만 그 후에 또 다시 빚쟁이가 될 수도 있겠죠. 그런데 회장이 빚을 갚아 주고는 즉시 그 회사의 평생 직원으로 임명했다는 것이 그 사람에게는 은혜 위에 은혜인 것입니다.

그렇듯이 조금 전에 진심으로 죄인임을 고백하고 예수님을 영접한 그 순간 당신은 그 모든 죄를 다 사함 받은 것뿐 아니라 즉시 하나님께서는 당신을 의인이라고 불러 주셨다는 것입니다(롬 4:6). 그리고 그때부터 예수님과 함께 이 땅에서도 하나님의 풍성한 은혜 가운데 천국 생활을 맛보면서 살다가(마 12:28), 천국에 가서 하나님과 함께 영원히 그 영광을 누리며 살게 하신 것입니다. 완전히 신분과 소속 그리고 운명이 바뀐 것입니다. 이 엄청난 전환이 예수님을 영접한 그 순간 당신에게 있게 된 것입니다. 너무 감사하죠? 예수님을 영접한다는 것이 이렇게 중요합니다. 그 은혜가 너무 크고 놀라워서 도무지 믿을 수 없지만 하나님께서 허락하셨습니다. 자, 그럼 이제 그 의인이 된 사람들이 누리게 되는 은혜와 복 중에 우선 다섯 가지를 말씀드리죠.

※ 언제(When)? "진심으로 회개하고 예수님을 영접한 그 순간"

(1) 죄 용서 - 회개하는 것 절대로 잊지 말자.

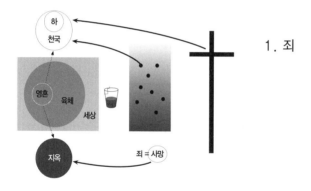

모든 죄 용서

진심으로 죄를 회개하고 예수님을 영접한 그 순간 하나님은 당신의 모든 죄를 다 용서해 주시고 도말해 버리셨을 뿐 아니라(사 43:25), 다시는 기억도 하지 않으신다고 말씀하셨습니다. 이전에 지은 죄는 이미 다 용서받았으니 그것에 대해서는 이제 자유함을 누리세요(롬 8:2).

교인과 성도

그리고 이전까지는 혹시 교회를 다녔어도 다만 교회에 출석하는 교인일 뿐이었으나, 예수님을 영접하면서 의롭다 함을 받는 그 순간 비로소 성도가 되었습니다. 교회에 다니는 사람은 많지만 그중에 성도가 된 사람만 천국에 갈 수 있습니다. 그러니 예수님을 영접했다는 것이 얼마나 중요한 것인지 모릅니다.

앞으로 짓는 죄의 문제 처리

그런데 우리가 회개하고 바로 천국에 들어갔는가 하면 그렇지 않죠? 깨끗이 씻고 세마포를 입었지만 여전히 먼지가 가득한 방과 같은 이 세상에 살아야만 합니다. 그러니까 우리 몸에 또 먼지가 묻을 수밖에 없듯이 우리 인간의 연약함으로 또 죄를 짓게 됩니다. 그러나 방금 목욕을 하고 나온 사람이 뭐가 좀 묻었다고 해서 다시 옷을 다 벗고 들어가 또 목욕을 하는 사람은 없을 겁니다. 손에 뭐가 묻으면 손만 씻고 발에 뭐가 묻으면 발만 씻으면 되듯이, 예수님께서 "이미 목욕한 자는 발밖에 씻을 필요가 없느니라"(요 13:10)고 말씀하셨습니다. 앞으로 짓는 모든 죄도 그때마다 예수님의 이름으로 자백하고 회개하면 용서받는 복까지 주셨습니다(요일 1:9). 어떻게 하든지 우리가 죄 가운데서 돌아오기만을 바라시는 하나님의 넓으신 사랑이지요.

그러니 회개하는 것을 절대로 잊지 마세요. 그래도 자꾸 죄를 짓게 되면 그때는 하나님께 죄를 짓지 않게 도와달라고 기도하세요. 그 기도를 제일 기뻐하실 거예요. 하나님은 우리가 흠 없이 거룩한 모습으로 그날 하나님 앞에 서기를 원하십니다(벧후 3:14).

※ 지난 모든 죄의 사슬에서 완전히 풀려난 것을 알려 줘야 한다.

※ 어떻게 하든지 죄 가운데서 돌아오기만을 바라시는 하나님의 활짝 열어 놓으신 그 가슴을 볼 수 있게 해야 한다.

※ 회개하는 것을 절대 잊지 않게 해야 한다.

(2) 하나님의 자녀 - 하나님과의 관계를 누리자.

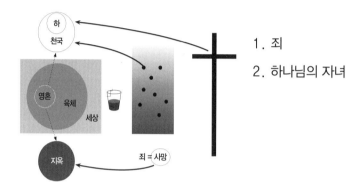

1. 죄
2. 하나님의 자녀

다음은 하나님의 자녀가 되신 것을 말씀드리겠습니다.

하나님과의 부자 관계

진심으로 죄를 회개하고 예수님을 영접하면서 하나님으로부터 의롭다 함을 받은 그 순간 당신은 거듭난 하나님의 자녀가 되었습니다. 하나님을 아빠 아버지라 부를 수 있게 해 주셨어요.

하나님을 아빠라고 부를 수 있게 해 주셨다는 것은 말할 수 없이 우리를 기뻐 받으신다는 하나님 사랑의 표현이라고 생각합니다. 누구에게도 말할 수 없는 내 속에 있는 것을 하나님께 다 털어 놓고 하나님과 허심탄회하게 대화할 수 있게 해 주신 거예요. 바쁜 생활 중에도 특별한 장소와 시간을 정하여 지속적으로 하나님과 마주 앉아 무엇이든지 대화를 나누세요. 그것이 기도예요. 그 시간을 하나님이 얼마나 기뻐하시겠어요?

그리고 하나님의 자녀가 되었다는 것은 상속자가 되었다는 말씀입니다. 고아원에서 입양해 오는 그런 정도가 아니에요. 친 아들과 똑같이, 성자 예수님이 누릴 수 있는 모든 은혜와 영광을 함께 누릴 수 있게 해 주신 것입니다(롬 8:17).

이렇게 당신을 사랑하시는 하나님은 당신에게 원하시는 것이 많이 있는데, 그것을 크게 두 가지로 나눠서 말씀드리겠습니다.

자녀 된 권세

하나는 하나님의 자녀 된 권세를 맘껏 누리기를 원하세요(요 1:12). 대통령의 자녀가 되어도 그 권세가 대단한데 온 우주만물을 창조하시고 주관하시는 그분이 바로 당신의 아버지가 되셨어요. "내가 온 것은 양으로 생명을 얻게 하고 더 풍성히 얻게 하려는 것이라"(요 10:10). "내 이름으로 무엇이든지 내게 구하면 내가 시행하리라"(요 14:14)고 하셨습니다. 하나님은 당신 삶의 모든 부분을 가지고 하나님께 나아와 의논하고 부탁하기를 기다리고 계십니다. 당신의 필요를 직접 들으시고 응답해 주시길 원하세요. 그래서 하나님은 당신이 하늘나라의 그 영광스런 기업과 함께 이 땅에서도 하나님의 자녀 된 권세를 가지고 영육 간에 풍성한 삶을 누리기 원하십니다. 이제부터 무엇이든지 하나님과 기도로 의논하고 부탁하면서 하나님의 자녀 된 권세를 맘껏 누리기 바랍니다. 자기 아들까지 아끼지 아니하시고 당신을 위해 내어 주신 분이에요(롬 8:32). 하나님은 당신을 위해서라면 아무것도 아까워하지 않으십니다. 하나님이 그토록 당신을 사랑하신다는 것을 꼭 기억하기 바래요.

더 나아가서 우리의 어깨를 으쓱하게 만드는 것이 또 있습니다. 예수님을 영접하기 전에는 우리가 죄의 종으로 살아왔습니다. 그러나 이제는 예수님을 모시고 우리가 왕 노릇하며 살게 됐습니다. 하나님께서는 "내가 너희에게 뱀과 전갈을 밟으며 원수의 모든 능력을 제어할 권능을 주었으니 너희를 해칠 자가 결코 없으리라"(눅 10:19), "마귀를 대적하라 그리하면 너희를 피하리라"(약 4:7) 하셨습니다. 당신에게 권세를 주셨어요. 그것을 가지고 대적하고 물리치라는 것입니다. 자신이 처한 현실을 살펴보고 필요한 부분들을 향해 믿음으로 선포하고 명령하면서 당신에게 주신 왕권을 맘껏 행사하십시오. 예를 들면, "예수 이름으로 명한다! 우리 가정에 평안이 있을지어다.", "질병은 떠나가라.", "사업은 불같이 일어날지어다." 이렇게 말입니다. 너무 감사하죠?

자녀 된 생활

어떠세요? 이런 거듭난 하나님의 자녀가 됐는데 우리가 마땅히 하나님께서 기뻐하시는 하나님의 자녀 된 생활을 해야 하지 않겠습니까? 하나님은 그것을 원하세요. "영접하는 자 곧 그 이름을 믿는 자들에게는"(요 1:12) 하신 그 '믿는 자'라는 말씀은 그때부터 그분을 항상 철통같이 붙잡고 따라가면서 믿는 믿음으로, 실제의 모든 삶 속에서 그분을 계속 신뢰하며 나아간다는 말씀이에요. 그것이 예수님과 동행하는 삶이랍니다.

예수님을 영접하는 것을 천국 티켓 하나 받아 놨다고 생각하고 이제 됐다 하면서 다시 옛 모습 그대로 살아가면 절대로 안 된다는 것입니다. 이제 버릴 것은 버리고 이전 삶의 모습에서 떠나 하나님의 자녀다운 생활을 추구해야 합니다. 하나님은 온통 우리를 독차지하고 싶어하세요. 하나님께서 싫어하실 것 같은 생각은 하지 마세요. 나쁜 영향력을 미치는 사람들과의 관계를 정리해야 합니다. 하나님 앞에 잘못된 습관이나 그런 주위 환경에서 떠나야 해요. 그리고 주님과 매일 만나면서 교제를 나눌 수 있는 시간을 계획하십시오. 말씀과 기도를 생활화하면서 하나님의 말씀대로 살려고 힘써야 합니다.

성경은 우리 신앙생활에 마치 거울과도 같습니다. 결혼식을 올리려고 신랑을 기다리는 신부가 거울 앞에서 보고 또 보면서 계속 몸매를 다듬듯이 철저히 긴장하고 설레는 마음으로 열심히 성경을 읽고, 듣고, 배우면서 온 맘과 정성을 다해 단장하며 준비해야 합니다.

※ 우리를 온통 독차지하고 싶어 하시는 그 하나님의 사랑을 전해 주어야 한다.

(3) 성령 - 순종하며 따르자.

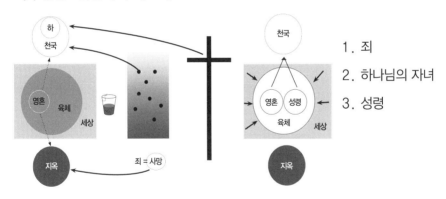

1. 죄
2. 하나님의 자녀
3. 성령

다음은 성령에 대해서 말씀드리겠습니다.

성령의 내주하심

당신이 마음을 열고 진심으로 예수님을 영접한 그 순간, 영으로 당신 안에 들어가셔서 당신은 성령을 받은 사람이 되었고, 그때부터 당신의 몸은 하나님의 영이신 성령님을 모신 성전이 되었습니다. 그 순간 죄로 인해서 죽었던 당신의 영혼을 다시 살아나게 하셔서 당신은 거듭난 영의 사람이 되었죠. 당신 안에 내주해 계신 성령님은 당신과 대화하며 늘 교제하기를 원하십니다. 성령님과 자주 대화를 나누며 시간을 함께 보낼 때 당신의 영은 날마다 새로워질 것입니다. 그 시간이 우리에게는 살아 계신 하나님 으로부터 생명을 공급받는 시간이기에 그렇습니다.

주권

그리고 당신이 예수님을 영접하는 기도를 할 때, "내 안에 들어오셔서 이 제부터 예수님이 내 인생의 주인이 되어 주시고 천국에 가는 날까지 동행 해 주옵소서."라고 했습니다. 그것은 이제부터 내 인생의 주인이 내가 아 니고 예수님이 되어 달라고 하는 고백입니다. 삶의 주인이 바뀐 것입니 다. 예수님은 이제부터 당신 삶의 주인이 되셔서 부활의 능력과 권세로 당신의 삶을 이끌어 주실 것입니다. 그저 내 생각과 생활을 주장하시도록 핸들을 내어 드리면 됩니다. 얼마나 편합니까? 결코 속박이 아닙니다.

순종

그리고 당신 안에 계신 성령님은 고아와 같이 당신을 절대 버리지 않으시 고 떠나지 않으신다고 하셨습니다(히 13:5). 그분은 당신 안에 계시면서 늘 도와주시고 교훈하시면서, 때로는 사랑의 매를 들어서라도 신앙생활을 잘 하게 하시면서 천국까지 인도하십니다. 그러므로 그분께 모든 것을 맡기 고 순종하기만 하면 됩니다. 사실 맡기고 순종하며 따르기가 쉽지는 않습 니다. 그러나 그것조차도 성령님께 부탁하면 됩니다. "너희 안에 계신 이 가 세상에 있는 자보다 크심이라"(요일 4:4)라고 하셨어요. 예수님께서는 하나님 보좌 우편에서 당신을 위해 간구하고 계시고, 성령님께서는 당신이 미처 기도하지 못하는 것까지 말할 수 없는 탄식으로 당신을 위해 친히 간구하십니다(롬 8:26). 당신이 이렇게 복된 사람이 된 거예요. 이 모든 것이 예수님을 영접해서 의롭다 함을 받은 사람들만이 누리는 축복이고 은혜랍니다. 그러니 예수님을 영접했다는 것이 얼마나 큰 복인지요! 너무 감사하지 않습니까?

※ 점점 힘들어 가는 시대를 사는 우리에게 성령이 내주하고 계시다는 것이 얼마나 크신 은혜인가를 알게 해야 한다.

(4) 생명책 - 설렘으로 준비하자.

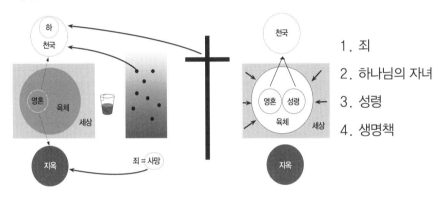

다음은 생명책에 대해서 말씀드리겠습니다.

생명책에 기록

당신이 진심으로 예수님을 영접하는 순간, 하나님은 당신을 의롭다 하시고 즉시 당신의 이름을 하늘나라 생명책에 기록해 주셨습니다. 당신을 영원한 하나님의 가족으로 받아 주시고 하나님의 가족 명단에 올려 놓으신 것입니다. 얼마나 감격스러운 일입니까?

이제 예수님께서 다시 오실 때 이미 흙으로 돌아갔던 육체는 영광의 몸
(고전 15:44)으로 부활할 것입니다. 만일 그때까지 살아 있는 사람은 그날
을 사모하며 잘 준비하고 있으면 공중에서 하나님의 나팔 소리와 함께 생
명책에 기록된 한 사람 한 사람을 부활의 몸으로 변화시켜 공중으로 끌어
올리실 것입니다(살전 4:16-17). 우리는 예수님을 맞이하기 위해 늘 잘
준비하고 있으면 됩니다.

그러나 "누구든지 생명책에 기록되지 못한 자는 불 못에 던져지더라"(계
20:15)고 하셨습니다. 혹시 가족이나 주위에 아직 이런 사실을 모르고 사
는 분이 있다면 꼭 예수님을 영접할 수 있는 기회를 만드시고 교회에 모
시고 나오세요.

※ 이때 전도에 도전을 주라.

(5) 천국 시민 - 이 땅에 속한 사람이 아님을 강조하자.

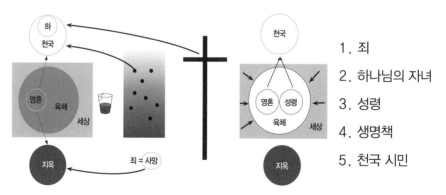

1. 죄
2. 하나님의 자녀
3. 성령
4. 생명책
5. 천국 시민

끝으로 천국 시민이 된 것에 대해 말씀드리겠습니다.

천국 시민

예수님을 영접해서 의롭다 함을 받는 그 순간 당신은 천국 시민이 되었습니다(빌 3:20). 하나님은 우리가 이 세상에 잠깐 왔다 가는 나그네라고 말씀하셨어요. 이 땅에 속한 사람이 아닙니다. 우리는 언제라도 하나님께서 부르시면 천국에 갑니다. 예수님께서 육신을 입고 이 땅에 오셔서 십자가에서 죽으신 것은 깨어 있든지 자든지 우리와 함께 살려고 그러셨다고 하셨어요(살전 5:10). 예수님의 궁극적인 목적은 잠시 이 세상에서 뿐만이 아니고 영원히 우리와 함께 천국에서 사는 것입니다.

상급과 면류관

우리가 이 땅에 사는 매 순간은 천국에 가서 받을 영원한 상급과 면류관을 준비할 수 있는 기회예요. "보라 내가 속히 오리니 내가 줄 상이 내게 있어 각 사람에게 그가 행한 대로 갚아 주리라"(계 22:12)고 하셨습니다. 잠시 후면 갈 그 나라를 소망하면서 억울한 일도 괴로운 일도 조금만 참으면 됩니다. 그리고 먹고 입을 것이 있으면 족한 줄로 알고 이 땅에 사는 동안 감사함으로 온 맘 다해 하나님만 사랑하면서 하나님께서 기뻐하시는 일을 많이 하십시오. 당신이 일한 대로 상을 받아 천국에서 영원히 누리며 살게 될 것입니다(계 22:12). 현재의 고난은 장래의 영광에 비교할 수 없다고 말씀하셨습니다(롬 8:18).

말씀을 듣고 나니 이제는 언제라도 분명히 천국에 가는구나 하는 믿음이 생기시죠? 우리의 공로나 자격으로 가는 것이 아니라 진심으로 죄를 회개하고 예수님을 영접해서 의인이 되었기 때문에 그렇습니다. 이제는 하나님 말씀과 성령의 인도하심에 순종하며 따라 가기만 하면 언제라도 꼭 천국에 갑니다(히 6:17). 그러나 우리 힘만으로는 할 수 없습니다. 이 모든 은혜가 헛되지 않기 위해 꼭 성령님의 도우심을 간구하면서 천국에 이르기까지 승리하시기 바랍니다(롬 6:22; 딤전 1:15-17, 6:12).

※ 삶의 목표와 삶의 우선순위를 분명히 제시해 주라.

어떠세요? 하나님이 당신을 얼마나 사랑하시는지, 당신이 하나님 앞에 얼마나 귀한 존재인지 이제 아셨죠? 우리에게 주신 이 귀한 하나님의 은혜와 사랑을 등한히 여기면 안됩니다(히 2:3).
당신에게 이렇게 많은 은혜와 복을 주신 하나님께 제가 잠깐 감사 기도를 드리겠습니다.

하나님 아버지, OOO의 모든 죄를 용서해 주심을 감사드립니다.
허물 많은 저희를 의롭다 하시고 이처럼 큰 은혜와 복을 누리면서
하나님의 자녀로 살게 해 주시니 감사합니다.
OOO 안에 계신 성령님의 인도하심을 따라 순종하며 살게 하옵소서.
OOO 이름을 생명책에 기록해 주시고,
천국 시민이 되게 하심을 감사합니다.
천국에 가는 그날까지 OOO와 동행해 주옵소서.
예수님의 이름으로 기도합니다. 아멘.

※ 분명한 영적 정체성을 가지고 끝까지 인내하고 승리하는 성도로, 주님을 맞이하는 신부로 준비하고 있다가 주님과 함께 영원히 천국에 가서 살게 해야 한다.

감사합니다. 이제 당신은 하나님의 가족이 되었습니다. 누구든지 이 세상에 태어나면 한 가정의 가족이 되듯이 예수님을 믿고 하나님의 자녀가 되면 필연적으로 하나님의 가족이 됩니다. 몸의 각 지체가 몸에 붙어 있을 때에만 건강을 유지할 수 있듯이 하나님의 자녀들은 교회에 속해 영적인 공급을 받고 보호를 받을 때만 건강하게 성장해 갈 수 있습니다. 이번 주일부터 꼭 교회에 나오셔서 온 맘과 정성을 다해 찬양과 예배를 드리십시오(요 15:5; 히 10:25). 예배는 하나님을 만나는 시간이고, 구원받은 우리에게 최고의 영광스런 자리입니다. 그때 하나님께서 당신의 마음을 만져 주시는 것을 체험하게 됩니다. 그러는 가운데 믿음이 성장해 가는 만큼 그리스도의 몸인 교회의 유익을 위해 사랑으로 연합하여 함께 헌신하고 봉사하고 교제하고 예배하며 주님을 섬기게 되는 것입니다(엡 2:19-22; 골 1:18).

그리고 이제부터 무엇이든지 기도로 하나님께 도움을 청하면서, 힘들고 무거운 모든 짐을 하나님 앞에 내려놓으십시오. 하나님 안에서 쉼과 평안을 누리게 됩니다. 지금은 제게 들어서 아셨지만 이 하나님의 사랑을 직접 느끼고 경험할 때 더 행복해지고 감사하게 될 겁니다. 이 귀한 하나님의 사랑을 주위에 믿지 않는 사람들과 나누면서 성경을 매일 읽기 시작하십시오. 하나님께서 말씀을 통해 우리에게 믿음을 주시고 날마다 생명을 공급해 주실 것입니다. 그 은혜로 우리가 인내하며 힘 있게 하나님을 기쁘게 해 드리는 삶을 살다가 천국에 들어갈 수 있습니다.

※ 실제로 주님을 인격적으로 만나는 체험을 하도록 신앙생활을 이끌어 주어야 한다.

혹 개인적인 상담이 필요하면 언제라도 저희 교회로 연락해 주십시오. 여기 전화번호가 있습니다. 이 전도지를 두고 갈 테니 꼭 여러 번 읽어 보시고 다른 분에게 전해 주십시오. 감사합니다. 그럼 이번 주일에 교회에서 기다리겠습니다. 안녕히 계십시오.

3) 가상 현장을 가지고 좀 더 확대된 복음을 제시해 보자.

다음은 전도대상자가 마음을 열지 못하거나, 복음을 제시하는 중 반대 의견을 제시할 경우 예화나 비유를 사용하여 마음을 열도록 도와주면서 복음을 전하는 전도 현장을 가상해서 만든 복음 제시 내용이다.

/ 영접 부분 복음 제시 /

☐ 댁에 계셨군요? 안녕하세요? 저도 이 근처에 살아요. 전에 길에서 몇 번 뵌 것 같은데 한 번 찾아뵙고 인사도 좀 나눈다고 하면서도 매일 생활이 바쁘니까 쉽지가 않네요.

■ 저희도 그래요. 아무튼 이렇게 또 뵙게 되어 반갑군요.

☐ 네. 정말 기쁘네요. 혹 시간이 괜찮으시면 잠깐 들어가도 되겠습니까? 이때 만일 복음을 전할 기회를 얻지 못한다면, "괜찮아요. 가끔 저희 교회 소식도 전해 드리고, 좋은 행사가 있을 때 알려 드리고 싶은데 괜찮겠죠?" 하면서 이름, 주소, 전화번호를 받거나 이미 가지고 있는 것을 확인하고, 교회 자랑과 함께 "우리 교회에 꼭 한번 와 보세요." 하고 온다.

■ 그러세요. 잠깐 들어오세요.

□ 감사합니다.

■ 저희는 이렇게 살아요. 이리 앉으시죠.

□ 무슨 말씀이세요. 참 깨끗하게 해 놓고 사시네요. 여기에 얼마나 사셨
  어요?

■ 저희가 이곳으로 이사를 와서부터 계속 여기서 살았으니까 벌써 한 4
  년이 넘은 것 같아요. 그런대로 조용하고 좋아요.

□ 그러시군요. 이 댁도 교회에 나가시나 보죠?

■ 아뇨. 처음 왔을 때 누가 자꾸 가 보자고 해서 몇 번 나갔는데, 지금은
  안 나가요.

□ 벽에 성구도 걸려 있고 저기 성경책도 보이고 하길래요.

■ 아, 우리 아이가 저희 친구들하고 어울려서 요즘 교회를 나가더라고
  요. 저건 이사 올 때 누가 준 것을 벽에 아무것도 없기에 그냥 걸어 놓
  은 거예요.

□ 그러셨군요. 저는 ○○○에 있는 ○○○교회에 나가고 있어요. ○○○라고
  해요. 성함이 어떻게 되시는지 좀 여쭤 봐도 괜찮겠습니까?

■ Mrs. O예요.

□ Mrs. O시군요. 왜 교회에 좀 나오시지 그러세요?

■ 글쎄요. 워낙 바쁘게 생활하다 보니 그게 그렇게 잘 안되네요. 저희는 일요일도 없어요. 앞으로 시간이 나면 좀 어떨지 몰라도 지금은 매우 힘들어요.

□ 그런데 사실 우리 인생을 살아가는데 이것처럼 중요한 것이 없어요. 우리가 이렇게 살고 있지만 이 땅에 영원히 사는 사람은 아무도 없는데… 저도 그렇고 누구나 다 언젠가는 떠납니다. 그것을 피할 수 있는 사람이 있나요? 그런데 그때 가는 곳은 천국 아니면 지옥, 그 두 길밖에는 다른 곳이 없다는 거예요. 어떠세요? Mrs. O은 그때가 언제인지 모르지만 그때 난 천국에 갑니다 하고 말씀하실 수 있으세요?

■ 천국요? 글쎄요. 전 그저 현재 하는 일에 충실하며 행복할 수만 있다면 그게 바로 천국이고, 그렇지 않으면 지옥이지. 뭐, 천국과 지옥이 따로 있겠나 하는 생각도 해요.

□ 그러시군요. 혹시 전에 교회에 나가셨을 때나 언제 내가 죄인이라는 것이 이상하게 깨달아지고 바로 그 내 죄를 위해서 예수님이 대신 십자가에서 죽어 주시고 다시 사셨다는 것이 믿어지고 그래서 진심으로 회개하면서 예수님을 마음에 깊이 영접한 적은 없으셨어요?

■ 없었어요. 그럴 정도로 열심히 교회에 나간 것도 아니고, 그저 몇 주

구경 삼아 나가다 그만 둔 걸요.

▫ 그리고 보니 우리는 오늘 너무 귀한 시간을 갖게 된 것 같습니다. 우리 인생을 살아가는데 이것처럼 중요한 것이 없어요. 우리가 매일 차를 몰고 다니지만 보험은 꼭 들죠? 언제 어디서 무슨 사고를 당할지 모르기 때문입니다. 갑자기 큰 사고라도 나게 되면 당황하지 않겠어요? 그러나 미리 자동차 보험을 들어 놓고 그때부터 좀 힘들지만 매달 보험료를 잘 내고 있으면 그래도 안심하고 운전을 하고 다닐 수 있습니다. 그런 것처럼 우리가 이렇게 살고 있지만 이 땅에 영원히 사는 사람은 한 사람도 없어요. 누구나 한 번은 세상을 떠날 때가 있는데 그때가 언제일지라도 난 분명히 천국에 간다는 확신을 가지고 사는 것은 언제 무슨 일을 당할지 모르는 우리에게 무엇보다도 중요합니다.

육체와 영혼, 천국과 지옥

제가 이렇게 옷을 입고 있잖아요? 이 옷을 너무 오래 입어서 낡아지면 그 땐 벗어 버릴 수밖에 없어요. 또 옷이 좀 더러워지면 빨면 되겠지만 천이 상할 정도가 되면 그때도 벗어 놔야 합니다. 옷이 찢어진 경우도 마찬가지예요. 어디가 조금 찢어졌으면 꿰매 입을 수가 있어요. 그러나 너무 심하게 찢어지면 우린 그 옷을 벗어 놓을 수밖에 없게 되죠.

그렇듯이 우리가 이렇게 육체를 가지고 있지만 이 육체가 우리의 전부가 아니에요. 우리 육체 속에는 누구나 영혼이 있어요. 하나님께서는 이 우리 육체를 영혼의 옷으로, 집으로, 그릇으로 성경 여러 곳에 말씀해 주셨죠. 제가 그림을 그려 가면서 말씀을 드리면 더 이해가 잘 되실 것 같군요.
여기 좀 보세요. 이것을 우리의 육체라고 한다면, 이 육체 속에 영혼이 들어 있습니다.

우리 영혼이 이 육체를 옷처럼 입고 있다가 너무 오래 입어서 낡아지면 이 낡은 육체를 벗어 놓게 되는데, 그때 우리는 이 사람이 너무 연로해 세상을 떠났다고 합니다.
또 우리 육체가 더러워졌다는 것은 몸에 상처가 나고 상했다는 이야기인데, 그때는 주사를 맞든지 약 처방을 받으면 되겠지만, 그러나 병원에서도 포기할 정도가 되면, 이 상한 육체를 벗어 놓게 되는데, 그때 이 사람이 병이 들어 세상을 떠났다고 합니다.

그런가 하면 예를 들어, 여기 이렇게 컵에 물이 들어 있다고 해 보죠. 이 컵이 산산조각이 나면 물은 저절로 다 흘러나오게 됩니다. 그것처럼 아주 흔한 예로, 교통사고가 난 경우를 한번 생각해 보죠. 사고로 이 육체가 너무 심하게 상하면 이 영혼은 더 이상 이 상한 육체 속에 머물러 있을 수 없고 벗어 놓는 순간, 이 사람은 교통사고가 나서 세상을 떠났다고 합니다.

그리고 벗어 놓고 간 이 육체를 땅에 묻어 주면서 기념해 주는 것을 우리는 장례식을 한다고 하죠. 그러니까 죽음이란 바로 이 영혼과 육체가 분리되는 것을 말하는 것입니다. 성경에 "한번 죽는 것은 사람에게 정하신 것이요 그 후에는 심판이 있으리니"(히 9:27) 그러셨어요.
우리는 영혼이 육체를 벗어 놓는 순간 바로 천국 아니면 지옥, 두 길 중에 한길로 가게 돼요.

아까 천국이나 지옥이 따로 있겠냐고 하셨지만, 미국에 먼저 와서 보고 정말 미국이 있구나 하고 다시 가서 준비를 하고 미국에 온 사람은 없을 겁니다. 어느 비행기를 타고 어느 쪽으로 몇 시간만 가면 미국이 있다더라 하는 것을 듣고 그것을 믿고 와 보니 정말 미국이 있었습니다. 그러나 미국이 있는 것을 믿지 않는다 하더라도 미국은 실존해 있습니다. 그보다 하나님께서 분명히 하나님의 영광이 가득 차 있고 황금과 각색 보석으로 꾸며져 있는, 다시는 사망이 없고 애통하는 것이나 곡하는 것이나 아픈 것이 없는 천국이 있다고 말씀하셨습니다(계 21:4). 그런가 하면 구더기도 죽지 않고 영원히 꺼지지 않는 유황불이 타오르는, 사람마다 불로 소금 치듯 함을 받는 끔찍한 지옥이 있다고 하셨습니다(막 9:48-49).

믿든지 안 믿든지 엄연한 현실로 천국과 지옥은 존재하고 있고, 지금도 이 세상 여기저기서는 많은 사람이 태어나는가 하면, 또 수없이 많은 사람들이 늙거나, 병이 들거나 사고가 나서 육체를 벗어 놓고 각각 그 두 길 중에 하나의 길을 가고 있어요. 그때부터 그들은 다시는 돌이킬 수 없는 그 무서운 고통 가운데 지옥에서, 아니면 말할 수 없는 평안과 기쁨 가운데 천국에서 영원히 살게 되는 겁니다. 물론 누구나 다 지옥보다는 천국에 가기를 원할 거예요. 그렇죠? 그런데 천국을 선택할 수 있는 기회는 오직 우리가 이 땅에 살고 있는 동안뿐이에요. 그렇지만 우리가 이 땅에서 언제까지 살게 될지 아는 사람이 있을까요? 그날은 순서도 없고 기약도 없어요. 우린 그날을 준비하고 있어야 합니다.

영국 여왕 엘리자베스 1세가 숨을 거두는 자리였습니다. 의사에게 자기의 생명을 6개월만 연장시켜 준다면 대영 제국의 절반이라도 주겠다고 했답니다. 물론 의사는 죽어가는 여왕의 생명을 6개월은 고사하고 단 1분도 연장할 수 없었죠. 유명한 카네기도 그랬다고 합니다. 자기를 10년만 더 살게 해 준다면 2억 불을 내겠노라고 하면서 바동댔지만 역시 하나님께서 부르시니 더 지체하지 못하고 결국은 다 가고 말았습니다.

많은 사람이 지금은 도저히 시간을 낼 수 없으니 차차 교회를 나가겠다고 하면서 정말 제대로 먹지도 자지도 못하고 직업을 두세 개 가지고 뛰면서 열심히 살아갑니다. 그리고 나름대로 굉장한 계획을 세우고 돈을 벌어서 멋있게 한 번 누리고 살겠다고 전력을 다해 뛰고 있습니다.

하지만 하나님께서 "어리석은 자여 오늘 밤에 네 영혼을 도로 찾으리니 그러면 네 준비한 것이 누구의 것이 되겠느냐"(눅 12:20)고 말씀하십니다. 언제든지 하나님이 부르시면 다 두고 가야만 합니다. 그때는 분명히 우리도 천국 아니면 지옥 그 두 길 중에 한길을 가게 되는데 물론 지옥보다는 천국에 가기를 누구나 다 원합니다. 그렇죠?

■ 그렇겠죠. 누구나 그래도 지옥보다는 당연히 천국을 좋은 곳으로 생각하니까요.

▯ 네. 그렇죠. 그런데 천국이 어떤 곳인가 하면, 죄가 없고 거룩하신 하나님이 계신 곳이에요. 그런 하나님이 계신 천국에 가려면 우리도 역시 죄가 없어야만 갈 수 있습니다.

죄인 - 인간의 죄로 인한 전적인 부패

▯ 그런데 어떠세요? Mrs. O는 내가 죄인이란 생각을 해 보신 적 있으세요?

■ 글쎄요. 전 그동안 살아오면서 별로 나쁜 일은 한 적이 없는 것 같은데…

□ 그러시군요. 대부분 Mrs. O처럼 성품이 착하게 생기신 분들 중에는 특별히 내가 죄인이란 생각을 해 본 적이 없다고들 그러세요. 그런데 말이죠…

마치 한 사람의 실수로 모든 사람이 방사능에 노출되듯이, 본래 우리 모든 사람은 인간의 조상 아담으로 인해 오염된 죄성을 가지고 이 세상에 태어나게 된 거예요(롬 5:12). 그런데 우리가 살고 있는 세상은 어떤 세상입니까? 마치 이미 먼지가 가득 쌓여 있고 지금도 계속 먼지가 쌓이고 있는 방과 같은, 죄로 인해 완전히 부패되고 점점 더 악해져 가고 있는 세상이에요. 먼지가 가득한 방에서는 아무리 먼지를 피하면서 조심하며 산다고 해도 먼지를 묻히지 않고 살 수 없듯이 더구나 죄성을 가지고 태어난 우리 인간은 이런 악한 세상의 유혹을 피할 수 없어요. 결국 우리는 끊임없이 또 죄를 짓고 살게 되는 것이죠.

그리고 우리는 흔히 죄라고 하면 사람들 사이에 지은 죄만을 생각하기 쉬운데, 성경에 "죄에 대하여라 함은 그들이 나를 믿지 아니함이요"(요 16:9)라고 하셨어요. 태어나면서부터 하나님을 배반한 인간의 후손으로 태어난 우리는 모두 이미 하나님 앞에 죄인이에요. 우리가 생각하는 대인 관계의 죄는 사실 그 다음이죠. 이런 죄를 가지고는 거룩하신 하나님이 계신 천국에 갈 수 없어요.

■ 그럼 하나님을 믿지 않는 게 죄가 된다는 말씀이에요?

□ 그렇게 생각되실 겁니다. 그러나 부모가 열 달 내내 고생해서 자녀를 낳고, 씻기고, 먹이고, 입히고, 가르치면서 애써 키워 놨습니다. 그랬더니 자기 부모가 누구인지, 부모가 있는지 없는지, 자기 부모를 부모

로 인정하지도 공경하지도 않는 사람이 있다고 생각해 보세요. 아무리 대인 관계에서 칭찬받고 선하게 사는 사람일지라도 부모에게는 얼마나 큰 불효이고 죄인지 모릅니다. 그것처럼 하나님을 하나님으로 인정하지 않고 하나님으로 잘 섬기지 못한 것이 얼마나 큰 죄인지 모릅니다.

우리는 살기 위해 오늘도 무엇인가를 먹어야 합니다. 그중 하나만 생각해 보죠.

하나님께서는 햇볕을 주시고, 비를 주시고, 공기를 주셔서 자랄 수 있게 하셨습니다. 그리고 누군가에게 건강을 주시고 지혜를 주셔서 우리가 먹을 수 있도록 만들게 하셨습니다. 그것을 우리는 사다 먹습니다. 우리가 사다가 먹기만 하면 우리 것이 되나요? 아니죠? 우리 몸에 그 많은 세포가 되어 자라게 하시고, 어떤 것은 우리 몸에 수없이 많은 실핏줄에, 적혈구만 해도 30조 개나 되는 피가 되어 흐르게 하십니다. 그런가 하면, 우리 눈에 시신경만 해도 1억 700만 개가 있다고 합니다. 그 외에도 우리 몸에 각 기관이 얼마나 많습니까? 하나님께서 일일이 몸의 각 지체와 기관들에 필요한 대로 공급하고 보내십니다. 그러시면서 지금까지 우리 나이만큼 돌보신 것입니다.

이것은 하나님께서 우리에게 베푸신 사랑의 한 단면을 말씀드린 것뿐이에요. 하나님은 우리의 죄를 용서해 주시기 위해 대신 예수님을 십자가에서 죽게 하시기까지 하셨습니다. 그리고 지금도 우리에게 이렇게 사랑을 베푸시는데(롬 5:8) 그분을 모른다고 하고 감사하지도 않고, 잘 섬기지도 않는다면 그처럼 큰 죄가 어디 있겠습니까?

■ 말씀을 듣고 보니 정말 그렇군요. 그럼 천국에 갈 사람이 하나도 없겠네요?

□ 그렇습니다. 죄를 가지고는 누구도 갈 수 없습니다. 이 세상에서도 죄를 짓게 되면 감옥에 가거나 벌금을 내든지, 어떻게 해서든 죄의 대가를 치러야 합니다. 그런데 성경에는 "죄의 값은 사망"(롬 6:23)이라고 하셨어요. 이 세상에는 우리의 죄를 대신 해결할 만한 사람도 없습니다(롬 3:10). 결국 우리는 영원한 사망인 지옥으로 갈 수밖에 없게 된 것입니다. 그 지옥은 세상의 어떤 고통보다도 더한 고통이 있는 곳입니다. 유황불이 극렬하게 타오르는 불 못에서 너무 뜨겁고 고통스럽지만 쉼도 끝도 없이 말로 형언할 수 없는 무서운 고통 가운데 살아야만 하는 곳이 바로 지옥이에요(눅 16:24, 25; 계 21:8). 그곳에 한번 던져지면 영원히 빠져 나올 수도 없어요. 거기서는 차라리 죽고 싶어도 죽을 수도 없습니다.

유황은 원자번호가 16인 비금속 물질로 끓는점은 444도라고 합니다. 유황 불 못의 온도는 최소 444도 이상이 될 것이라는 의미입니다. 100도가 아닙니다. 지옥은 최소한 444도 이상이 되는 유황 불 못이 영원 영원토록 끓는 곳입니다. 그런 곳에서 영원 영원토록 고통 속에 살아갈 것을 상상해 보십시오. 얼마나 끔찍합니까? 그래서 지옥만큼은 무슨 일이 있어도 가지 말아야 합니다.

예수님께서 "만일 네 눈이 너를 범죄하게 하거든 빼어 내버리라 한 눈으로 영생에 들어가는 것이 두 눈을 가지고 지옥 불에 던져지는 것보다 나으니라"(마 18:9)고 하셨습니다.

하나님은 우리를 너무 사랑하셔서 우리가 그대로 지옥에 가는 것을 원치 않으십니다. 물론 그분은 사랑으로 우리 죄를 그냥 용서해 주실 수도 있지만 공의의 하나님이시기 때문에 반드시 우리의 죄를 해결하셔야만 했습니다.

그러나 성경에 "의인은 없나니 하나도 없으며"(롬 3:10)라고 했습니다. 모두가 죄인이니 이 세상에는 우리의 죄를 대신해 줄 수 있는 사람이 없습니다.

결국 하나님은 우리를 구원하시려고 죄 없으신 독생자 예수 그리스도를 우리 대신 희생 제물이 되게 하시고(고전 5:7), 우리가 받아야 할 죄의 형벌을 대신 받으시면서 우리의 죗값을 지불하셨습니다. 그리고 즉시 우리의 죄 때문에 하나님과 우리 사이를 가로막았던 휘장을 찢으셨어요. 그리고 3일 만에 예수님을 다시 일으키시고, 그 모든 사실(복음)을 만민이 듣게 하시며 부르십니다. "와라! 와서 옛날처럼 같이 살자!" 두 팔을 벌리고 간절히 바라고 계십니다.

■ 선으로 향하는 방법이 다를 뿐이지. 저는 종교는 다 같은 거라고 생각하는데요?

□ 그러시군요. 제가 거기에 대해서도 잠깐 말씀을 드려야겠군요. 이 땅에는 우리가 알고 있듯이 얼마나 많은 종교가 있습니까? 바로 그 모든 종교의 시조들을 놓고 한번 생각해 보죠. 사실 그들은 다 하나님이 만드신 우리와 똑같은 인간 피조물이에요. 그저 나름대로 애를 쓰다가 결국 인간 수명이 다하는 날 하나님이 부르실 때, 그 육체를 벗어 놓고 자기 죗값대로 다 죽고 말았습니다. 그런데도 무지한 많은 사람이 미혹되어 그 뒤를 따르고 있지만 실상은 모두가 죽은 종교라고 합니다.

"어떤 길은 사람의 보기에 바르나 필경은 사망의 길이니라"(잠 16:25)
고 말씀하셨어요. 그런데 예수님은 인간 피조물이 아닌 성자 하나님이
시기 때문에 사흘 만에 다시 살아나셨습니다. 그날을 부활절이라고 하
죠. 누구든지 이 사실을 믿고 진심으로 죄를 회개하면서 예수님을 영
접하면 모든 죄를 용서받고 구원받아(롬 10:9), 그때부터 하나님이 주
시는 무한한 은혜와 복을 누리게 됩니다.

혹시 예수님이 문을 두드리고 계신 그림을 보신 적이 있으세요?(계
3:20) 바로 이 모든 사실을 들려주고 믿게 해서 천국까지 인도하시기
위해 그동안 끊임없이 Mrs. O의 마음을 두드리고 계시는 예수님의 모
습입니다. 예수님은 목사님의 설교를 통해서, 여러 전도인을 보내셔
서, 또는 찬송가나 양심의 소리나 그동안 여러 가지 생활을 통해서 지
금까지 근 OO년 동안이나 계속 Mrs. O의 마음을 두드리고 계셨던 거
예요. Mrs. O를 사랑하시는 예수님은 포기하지 않으시고, 지금은 저
를 통해서 이렇게 Mrs. O의 마음을 두드리고 계십니다. 바로 이 예수
님을 이제 믿음으로 회개하면서 영접하면 됩니다. 또 한 번 기회를 주
시는 것이라고 생각하세요. 하나님은 인격적인 분이시기 때문에 Mrs.
O를 무척이나 사랑하시지만 Mrs. O가 믿음으로 기쁘게 환영하면서
영접하기를 기다리십니다.

물론 지금까지는 이런 사실을 잘 모르셨거나 아니면 오늘 같은 이런
기회가 없어서 예수님을 영접하지 못하셨다 하더라도 지금 이 시간 예
수님을 영접하면 구원을 얻을 수 있습니다. 오늘의 이 기회를 놓치지
마십시오. 기회가 항상 있는 것이 아닙니다.

■ 사실 저는 미션 스쿨을 다녔거든요. 그래서 그런 이야기를 많이 들었어요.

□ 그러시군요. Mrs. O 같은 분이 많이 계세요. 그리고 또 어떤 분들은 모태에서부터 교회를 다녔기 때문에 다 알고 있다고 하시는데 그 믿음을 확인해 보면 그저 지식적인 동의에 불과한 분도 계세요. 그러나 예를 들어서, Mrs. O가 지금 잉크가 묻은 바지를 입고 계시다고 해 보죠. Mrs. O는 그 잉크를 지울 수 있는 약이 무엇인지 그리고 그 약을 사다가 닦으면 깨끗해진다는 것을 오래 전부터 잘 알고 있다고 해서 그 바지의 잉크가 지워지는 것은 아녜요. 그 약을 사다가 닦아야만 지워지지 않겠어요? 그렇듯이 예수님이 우리의 모든 죄를 용서해 주시기 위해 돌아가셨다는 것을 오래 전부터 잘 알고 있다고 해서 그 죄를 용서받는 것은 아닙니다. 중요한 것은 알고 있는 그 말씀을 믿고 진심으로 회개하면서 예수님을 영접할 때 비로소 죄를 용서받고 구원받을 수 있게 됩니다.

■ 그런데 말이죠. 제 친구 중에 하나는 애가 아프다고 밤낮으로 기도한다고 교회에 가서 살다시피 하더니 요즘 보니까 교회를 안 나가더라고요. 왜 그런지 모르겠어요.

□ 그러시군요. 그런데 그분은 어떤지 잘 모르겠지만, 어떤 사람은 그 믿음들을 확인해 보면, 건강 문제나 자녀, 혹은 경제 문제, 장래 출세 문제와 같은 잠시 있다가 지나갈 이 세상의 것들을 위해서 예수님을 의지하는 믿음입니다. 그런 사람들은 혹 자기가 바라고 기도하던 대로 이루어지지 않으면 신앙생활을 그만 포기해 버릴 수도 있게 됩니다.

여기 이렇게 열쇠 꾸러미가 있는데, 이 열쇠들을 보면 그중 몇은 아주 비슷해서 잘 구별할 수가 없습니다. 그러나 자세히 보면 다 각기 모양이 다르고 용도가 다르죠. 그중에 우리 집에 들어갈 때는 꼭 이 열쇠로 문을 열어야만 들어갈 수 있습니다. 그렇듯이 구원받는 믿음은 내가 죄인이라는 것을 깨닫고 내 죄를 용서해 주시기 위해 예수님이 십자가에서 대신 죽으시고 부활하셨다는 것을 믿는 것입니다. 그리고 진심으로 죄를 회개하면서 예수님을 영접할 때 죄를 용서받고 천국에 가게 되는 것입니다.

■ 그런데 말이죠. 또 한 친구는 예수를 믿는 사람이 못된 것을 보고는 교회 나가기가 싫다고 하던데…

□ 그러시군요. 세상에 온전한 사람은 한 사람도 없습니다. 부족한 인간들이 먼지가 가득한 방과 같은 세상에서 살면서 못난 성품대로 어떤 사람은 조금, 어떤 사람은 좀 많이 먼지를 묻히고 사는 것뿐입니다. 우리는 그 먼지 묻은 부분만 보고 실망하죠. 그러나 그 사람은 예수님이 아니면 자신은 가망이 없는 부족한 존재라는 것을 깨닫고 회개하면서 예수님을 자신의 구주로, 주님으로 영접한 분입니다. 물론 부족해서 또 실수할 수도 있습니다. 그러나 그때마다 예수님의 이름을 의지하고 진심으로 회개하면 하나님은 용서해 주십니다. 우리 하나님은 얼마나 자비와 사랑이 많으신 분이신지요. 아무튼 그런 사람들 때문에 내가 천국을 포기할 수는 없잖아요? 온전하게 하시는 이인 예수님만 바라보고(히 12:2) 신앙생활하는 거예요. Mrs. O, 이 시간 예수님을 영접하기로 합시다.

■ 글쎄요. 앞으로 믿음이 생기면 그렇게 하도록 하죠. 열심히 노력해야죠, 뭐.

□ 제가 또 예를 하나 들어 말씀드려 보겠습니다. 그냥 예를 들어 말씀드리는 것이니 이해하고 들어주시기 바랍니다. Mrs. O가 어쩌다 빚을 지게 되다 보니 이젠 제대로 먹지도 자지도 못하고 평생 허덕이며 갚아도 다 갚을 수 없는 빚을 지게 되었다고 가정해 보죠. Mrs. O를 너무 사랑하는 한 큰 부자가 그것을 보고 너무 안타까워서 하루는 수표 한 장을 써 주면서, "이것으로 빚을 청산하고 이젠 고생 그만하고 평안하게 사십시오."라고 했을 때 감사하며 그 수표를 받아서 즉시 그 빚을 청산하고 그분과 그때부터 계속 사랑의 교제를 나누면서 평생 평안히 살 수 있는가 하면 그 거액의 수표가 과연 진짜인지 믿을 수 없어 미루고 거절하며 평생을 고생하면서 살 수도 있습니다. 이 두 길 중 어느 길을 택할 것인가는 본인 자신에게 달려 있습니다.

■ 생각을 좀 해 봐야겠습니다.

□ Mrs. O, 한 가지만 더 예를 들어 보겠습니다. Mrs. O가 버스 요금이 없어서 길도 모르면서 무거운 짐을 잔뜩 들고 가는 데 어떤 마음 착한 분이 버스 요금을 내 주고 하는 말이, "길도 모르면서 무거운 짐을 그렇게 잔뜩 들고 가는 걸 차마 볼 수 없어서 버스 요금을 대신 냈으니 믿고 그 짐을 올려놓고 타세요. 그러면 목적지까지 편안히 모셔다 드릴 겁니다."라고 하는데, 거기에 특별히 무슨 생각이 필요하겠습니까? 감사하면서 믿고 그 차에 올라타기만 하면 목적지까지 안전하게 갈 수 있는 것처럼, 예수님이 내 죄를 위해 십자가에서 대신 죽으시고 부활

하신 사실을 믿고 예수님을 마음에 영접하기만 하면 되는 거예요. 지금 이 시간 예수님을 영접하세요. 이 결단은 Mrs. O 인생에서 가장 중요한 것입니다. 제가 도와드릴게요. 그렇게 하세요.

■ 네…

4) 영접

□ 아유~ 감사합니다. 그러면 어떻게 이 예수님을 영접하는가에 대해 말씀드리겠습니다. 사람들은 손님이 온다고 하면 제일 먼저 집안 청소부터 합니다. 그리고 문을 두드리면 곧 문을 열고 반갑게 맞아들이지 않나요? 똑같습니다. 예수님을 영접하기 위해서는 먼저 죄를 회개해야 합니다. 성경에 예수님을 믿지 않는 것이 죄라고 했습니다(요 16:9). 그리고 하나님의 말씀대로 살지 못한 것이 죄입니다(엡 2:1). 그래서 예수님이 Mrs. O의 죄를 용서해 주시기 위해 대신 십자가에서 죽으시고 다시 살아나신 것을 믿고 그분을 Mrs. O의 인생의 주인으로 영접해야 합니다(롬 10:10).

자, 그럼 이제 같이 기도하실 텐데, 혹시 무엇부터 어떻게 기도해야 할지 몰라 당황하실 것 같아서 제가 기도 내용을 가르쳐 드리겠습니다. 그러나 그것을 그냥 따라 하지 마시고, 그 기도 내용을 Mrs. O가 직접, 진심으로 소리를 내서 하나님께 말씀드리세요. 이왕이면 지금 이 기도를 진심으로 드린다는 것을 하나님 앞에 표현하는 마음으로 가슴에 손을 얹어 보여 드리면서 기도하면 우리 하나님이 더 기뻐하실 것 같은데 우리 그렇게 하죠.

하나님, 저는 죄인입니다.

하나님을 잘 몰랐고 잘 섬기지 못했습니다.

사람들에게도 마음으로 행동으로 지은 죄가 많습니다.

저를 용서해 주옵소서.

제 모든 죄를 용서해 주시기 위해 십자가에서 대신 죽으시고

다시 사신 예수님을 믿습니다.

이 시간 제 마음을 열고 예수님을 영접합니다.

이제부터 예수님이 제 인생의 주인이 되어 주시고

천국에 가는 날까지 동행해 주옵소서.

예수님의 이름으로 기도합니다. 아멘.

□ Mrs. O, 지금 저와 같이 하신 기도를 하나님 앞에 진심으로 하셨죠?

■ 네.

□ 감사합니다.

■ 아유~ 오히려 제가 감사하죠.

□ 이제 Mrs. O는 모든 죄를 용서받고 구원받았습니다. 축하합니다.

/ 확신 부분 복음 제시 /

□ 다음은 바로 이 순간 하나님께서 주신 은혜와 복에 대해 말씀드리겠습니다. 하나님께서는 Mrs. O를 이렇게 구원받게 하시려고 오래 전부

터 Mrs. O를 마음에 품고 계셨어요. 그리고 이런 기회를 갖게 하시려고 그동안 계속 부르셨던 겁니다. 그런데 오늘 드디어 저를 통해서 부르시는 그 음성을 듣고 마음을 열어 이렇게 예수님을 영접하게 된 거죠. 그런 Mrs. O를 하나님은 말할 수 없이 기뻐하시면서 즉시 예수님의 의로 덮어 주시고 Mrs. O를 의롭다고 하셨어요(롬 8:30).

그 의롭다 함을 받은 사람들이 누리는 헤아릴 수 없는 은혜와 복을 이제 말씀드릴 텐데, 그 전에 먼저 이해를 돕기 위해 예를 하나 들어 보겠습니다.

평생 갚아도 다 갚을 수 없는 큰돈을 빚진 사람이 있는데 어떤 큰 회사 재벌 회장이 그 많은 빚을 다 청산해 주었습니다. 그리고 그것뿐 아니라 그 자리에서 즉시 그 회사의 평생 직원 임명장을 그에게 주면서 그 회사에서 주는 모든 혜택과 평생 노후 대책까지 다 누리게 해 줬다면 어떨까요? 그 순간 그 사람의 인생은 완전히 달라진 것입니다. 어떤 공적이나 그만한 자격 요건이 충족되어서가 아닙니다. 오직 그 회장이 베푸는 은혜입니다. 그 회장이 빚만 갚아 준 것이라면 그때는 그 사람에게 빚은 없어졌지만 그 후에 또다시 빚쟁이가 될 수도 있겠죠. 그런데 회장이 빚을 갚아 주고는 즉시 그 회사 평생 직원으로 임명했다는 것이 그 사람에게는 은혜 위에 은혜인 것입니다.

그렇듯이 조금 전에 진심으로 죄인임을 고백하고 예수님을 영접한 그 순간 Mrs. O는 그 모든 죄를 다 사함 받은 것뿐 아니라 즉시 하나님께서는 Mrs. O를 의인이라고 불러 주셨다는 것입니다(롬 4:6). 그리고 그때부터 예수님과 함께 이 땅에서도 하나님의 풍성한 은혜 가운데 천국 생활을 맛보면서 살다가(마 12:28), 천국에 가서 하나님과 함께 영원히 그 영광을 누리며 살게 하신 것입니다. 완전히 신분과 소속이 바꿔고 운명이 바뀐 것입니다. 이 엄청난 전환이 예수님을 영접한 그 순간 Mrs. O에게 있게 된 것입니다. 너무 감사하죠? 예수님을 영접한다는 것이 이렇게 중요합니다. 그 은혜가 너무 크고 놀라워서 도무지 믿을 수 없지만 하나님께서 허락하셨습니다. 자, 그럼 이제 그 의인이 된 사람들이 누리게 되는 은혜와 복 중에 우선 다섯 가지를 말씀드리죠.

죄 용서

진심으로 죄를 회개하고 예수님을 영접한 그 순간 하나님은 Mrs. O의 모든 죄를 다 용서해 주시고 도말해 버리실 뿐 아니라(사 43:25), 다시는 기억도 하지 않으신다고 말씀하셨습니다. 이전에 지은 죄는 이미 다 용서받았으니 그것에 대해서는 이제 자유함을 누리세요(롬 8:2).

진심으로 회개하는 바로 그 순간 Mrs. O의 죄를 깨끗이 씻어 주시고 하나님의 거룩한 백성, 성도가 입는 하얀 세마포를 입혀 주셨습니다. 교회에 다니는 사람은 많지만 죄를 용서받고 진심으로 예수님을 영접한 성도가 된 사람만 천국에 갈 수 있습니다. 그러니 예수님을 영접했다는 것이 얼마나 중요한 건지 몰라요.

■ 그런데 앞으로는 죄를 짓지 말고 살아야 할 텐데 그게 그렇게 쉽지가 않을 것 같아요.

□ 그렇죠? 그런데 우리가 회개하고 바로 천국에 들어갔는가 하면 그렇지 않죠? 깨끗이 씻고 세마포를 입었지만 여전히 먼지가 가득한 방과 같은 이 세상에 살아야만 합니다. 그러니까 우리 몸에는 또 먼지가 묻을 수밖에 없듯이 우리 인간의 연약함으로 또다시 죄를 짓게 됩니다. 그러나 방금 목욕을 하고 나온 사람이 뭐가 좀 묻었다고 해서 다시 옷을

다 벗고 들어가 또 목욕을 하는 사람은 없을 겁니다. 손에 뭐가 묻으면 손만 씻고 발에 뭐가 묻으면 발만 씻으면 되듯이, 예수님께서, "이미 목욕한 자는 발밖에 씻을 필요가 없느니라"(요 13:10)고 말씀하셨습니다. 앞으로 짓는 모든 죄도 그때마다 예수님의 이름으로 자백하고 회개하면 용서받는 복까지 주셨습니다(요일 1:9). 어떻게 하든지 우리가 죄 가운데서 돌아오기만을 바라시는 하나님의 넓으신 사랑이지요.

그러니 회개하는 것을 절대로 잊지 마세요. 그래도 자꾸 죄를 짓게 되면 그때는 하나님께 죄를 짓지 않게 도와달라고 기도하세요. 그 기도를 제일 기뻐하실 거예요. 하나님은 우리가 흠 없이 거룩한 모습으로 그날 하나님 앞에 서기를 원하십니다(벧후 3:14). 운전을 하면서도 혹시 마음으로 죄를 짓게 되면, "하나님, 제가 또 이렇게 죄를 짓는군요. 용서해 주십시오. 예수님의 이름으로 기도합니다. 아멘." 하고 차를 타고 가면서 기도로 씻으면 됩니다. 하루를 보내고 잠자리에 들기 전에도 하루 동안에 지은 죄를 자백하고 용서를 구하세요. "너희의 죄가 주홍 같을지라도 눈과 같이 희어질 것이요 진홍 같이 붉을지라도 양털 같이 희게 되리라"(사 1:18)고 하셨습니다.

■ 기도할 때마다, "예수님의 이름으로 기도합니다."라고 말을 꼭 붙여야 하나요?

□ 네. 말씀 잘해 주셨어요. 그것은 "나는 자격도 없고 공로도 없지만 내 죄를 대신해서 죽어 주신 예수님을 내가 모시고 있으니, 그 공로와 그 능력을 의지하고 하나님께 말씀드립니다." 하는 의미에서 기도 끝에 "예수님의 이름으로 기도합니다."라고 하죠. 그것 또한 예수님을 영접한 사람들만이 누리는 특권이랍니다. 정말 예수님을 영접한다는 것이

얼마나 중요한 것인지 몰라요.

하나님의 자녀

다음은 하나님의 자녀가 되신 것을 말씀드릴게요.

진심으로 죄를 회개하고 예수님을 영접하면서 하나님으로부터 의롭다 함을 받은 그 순간 Mrs. O는 거듭난 하나님의 자녀가 됐습니다. 하나님을 아빠 아버지라 부를 수 있게 해 주셨어요.

하나님을 아빠라고 부를 수 있게 해 주셨다는 것은 말할 수 없이 우리를 기뻐 받으신다는 하나님 사랑의 표현이라고 생각합니다. 누구에게도 말할 수 없는 내 속에 있는 것을 하나님께 다 털어 놓고 하나님과 허심탄회하게 대화할 수 있게 해 주신 거예요. 바쁜 생활 중에도 특별한 장소와 시간을 정하여 하나님과 마주 앉아 무엇이든지 대화를 나누세요. 그것이 기도예요. 그 시간을 하나님이 얼마나 기뻐하시겠어요?

그리고 하나님의 자녀가 되었다는 것은 상속자가 되었다는 말씀이에요. 고아원에서 입양해 오는 그런 정도가 아닙니다. 친자녀와 똑같이, 예수님이 누릴 수 있는 모든 은혜와 영광을 함께 누릴 수 있게 해 주신 것입니다 (롬 8:17). 너무 감사하죠?

이렇게 Mrs. O를 사랑하시는 하나님은 Mrs. O에게 원하시는 것이 많이 있는데 그것을 크게 두 가지로 나눠서 말씀드리겠습니다.

하나는 하나님의 자녀 된 권세를 맘껏 누리기를 원하세요(요 1:12). 대통령의 자녀가 되어도 그 권세가 대단한데 온 우주만물을 창조하시고 주관하시는 그분이 바로 Mrs. O의 아버지가 되셨어요. "내가 온 것은 양으로 생명을 얻게 하고 더 풍성히 얻게 하려는 것이라"(요 10:10). "내 이름으로 무엇이든지 내게 구하면 내가 행하리라"(요 14:14)고 하셨어요. 하나님은 Mrs. O의 삶의 모든 부분을 가지고 하나님께 나아와 의논하고 부탁하기를 기다리고 계십니다. Mrs. O의 필요를 직접 들으시고 응답해 주시길 원하세요. 그래서 하나님은 Mrs. O가 하늘나라의 그 영광스런 기업과 함께 이 땅에서도 하나님의 자녀 된 권세를 가지고 영육 간에 풍성한 삶을 누리기 원하십니다. 이제부터 무엇이든지 하나님과 기도로 의논하고 부탁하면서 하나님의 자녀 된 권세를 맘껏 누리기 바랍니다. 자기 아들까지 아끼지 아니하고 Mrs. O를 위해 내어 주신 분이에요(롬 8:32). 하나님은 Mrs. O를 위한 것이라면 아무것도 아까워하지 않으십니다. 하나님이 그토록 Mrs. O를 사랑하신다는 것을 꼭 기억하시기 바래요.

더 나아가서 우리의 어깨를 으쓱하게 만드는 것이 또 있습니다. 예수님을 영접하기 전에는 우리가 죄의 종으로 살아왔습니다. 그러나 이제는 예수님을 모시고 우리가 왕 노릇하며 살게 됐습니다. 하나님께서는 "내가 너희에게 뱀과 전갈을 밟으며 원수의 모든 능력을 제어할 권능을 주었으니 너희를 해칠 자가 결코 없으리라"(눅 10:19), "마귀를 대적하라 그리하면 너희를 피하리라"(약 4:7)고 하셨습니다. Mrs. O에게 그 권세를 주셨어요. 그것을 가지고 대적하고 물리치라는 것입니다.
자신이 처한 현실을 살펴보고 필요한 부분들을 향해 믿음으로 선포하고 명령하면서 Mrs. O에게 주신 왕권을 맘껏 행사하십시오. 예를 들면, "예수 이름으로 명한다! 우리 가정에 평안이 있을지어다! 질병은 떠나가라! 사업은 불같이 일어날지어다!" 이렇게 말입니다. 너무 감사하죠?

■ 그렇다면 예수를 믿는 사람들은 다 부자가 되고 출세하겠네요?

□ 하나님은 누구보다도 우리를 사랑하시는 분이에요. 사랑하는 자녀가 다루기 위험한 물건을 사 달라고 한다고 다 사 주지는 않습니다. 그런 부모는 없을 겁니다. 그러나 그것이 꼭 있어야 하고, 능히 감당할 수 있을 때는 사 주죠. 그렇듯이 하나님께서도 그것이 우리에게 꼭 필요하고 하나님께 영광이 되는 것이라면 무엇을 구하든지 들어 주십니다.

어떠세요? 이런 거듭난 하나님의 자녀가 됐는데 우리가 마땅히 하나님께서 기뻐하시는 하나님의 자녀 된 생활을 해야 하지 않겠습니까? 하나님은 그것을 원하세요. "영접하는 자 곧 그 이름을 믿는 자들에게는"(요 1:12)이라고 하신 그 '믿는 자'라는 말씀은 그때부터 그분을 항상 철통같이 붙잡고 따라 가면서 믿는 믿음으로, 실제의 모든 삶 속에서 그분을 계속 신뢰하며 나아간다는 말씀이에요. 그것이 예수님과 동행하는 삶이랍니다.

예수님을 영접하는 것을 천국 티켓 하나 받아 놨다고 생각하고 이제 됐다 하면서 다시 옛 모습 그대로 살아가면 절대로 안 된다는 것입니다. 이제 버릴 것 버리고 이전 삶의 모습에서 떠나 하나님의 자녀다운 생활을 추구해야 합니다. 하나님은 온통 Mrs. O를 독차지하고 싶어 하세요. 하나님께서 싫어하실 것 같은 생각은 하지 마세요. 나쁜 영향력을 미치는 사람들과의 관계를 정리해야 합니다. 하나님 앞에 잘못된 습관이나 그런 주위 환경에서 떠나야 해요. 그리고 주님과 매일 만나면서 교제를 나눌 수 있는 시간을 계획하십시오. 말씀과 기도를 생활화하면서 하나님의 말씀대로 살려고 힘써야 합니다.

성경은 우리 신앙생활에 마치 거울과도 같습니다. 결혼식을 올리려고 신랑을 기다리는 신부가 거울 앞에서 보고 또 보면서 계속 몸매를 다

듬듯이 철저히 긴장하고 설레는 마음으로 열심히 성경을 읽고, 듣고, 배우면서 온 맘과 정성을 다해 단장하며 준비해야 합니다.

성령

다음은 성령에 대해서 말씀드리겠습니다.

Mrs. O가 마음을 열고 진심으로 예수님을 영접한 그 순간, 영으로 Mrs. O 안에 들어가서서 Mrs. O는 성령을 받은 사람이 되었고, 그때부터 Mrs. O의 몸은 하나님의 영이신 성령님을 모신 성전이 되었죠. 그 순간 죄로 인해서 죽었던 Mrs. O의 영혼을 다시 살아나게 하셔서 Mrs. O는 거듭난 영의 사람이 되었습니다. Mrs. O 안에 내주해 계신 성령님은 Mrs. O와 대화하며 늘 교제하기를 원하십니다. 성령님과 자주 대화를 나누며 시간을 함께 보낼 때 Mrs. O의 영은 날마다 새로워질 것입니다. 그 시간이 우리는 살아 계신 하나님에게서 생명을 공급받는 시간이기에 그렇습니다.

그리고 조금 전에 Mrs. O가 예수님을 영접하는 기도를 할 때, "내 안에 들어오셔서 이제부터 예수님이 내 인생의 주인이 되어 주시고 천국에 가는 날까지 동행해 주옵소서."라고 하셨습니다. 그것은 이제부터 내 인생의 주인이 내가 아니고 예수님이 되어 달라고 하는 고백입니다. 삶의 주인이 바뀐 것입니다. 예수님은 이제부터 Mrs. O의 삶의 주인이 되셔서 부활의 능력과 권세로 Mrs. O의 삶을 이끌어 주실 것입니다. 그저 내 생각과 생활을 주장하시도록 핸들을 내어 드리면 됩니다. 얼마나 편합니까? 결코 속박이 아녜요.

■ 그런데 말씀이에요. 제 남편은 술을 무척 좋아하거든요. 그런 사람이 교회에 나갈 수 있겠어요?

▢ 그러시군요. 그런데 그것 때문에 너무 걱정은 하지 마세요. 사실 성령님을 모시기 전에는 우리 속에 영혼이 죄로 인해 죽은 상태이기 때문에 거기에 담배 연기도, 술도 부어 넣을 수가 있지만, 이제 교회에 나와서 예수님을 영접하게 되면 그 영혼이 거듭나고 그때부터 그분 안에 내주하시는 성령님의 감동을 받아서 술을 끊고 싶어 하는 마음이 생기고 하나님께 기도하게 되죠. 많은 사람이 그저 자신의 힘으로 그것을 끊으려고 노력하다가 실패하는 경우를 많이 봅니다. 그러나 그것을 위해 기도할 때 성령님이 도와주셔서 끊게 해 주시기 때문에 정말 신앙 좋은 분들을 보면 술, 담배 하시는 분을 찾을 수가 없어요. 그건 걱정하지 마시고 우선 어떻게 해서든지 교회에 모시고 나오세요.

아무튼 Mrs. O 안에 계신 성령님은 고아와 같이 당신을 절대 버리지 않으시고 떠나지 않으신다고 하셨습니다(히 13:5).

그분은 Mrs. O 안에 계시면서 늘 도와주시고 교훈하시면서, 때로는 사랑의 매를 들어서라도 신앙생활을 잘하게 하시면서 천국까지 인도하십니다. 그러므로 그분께 모든 것을 맡기고 순종하기만 하면 됩니다. 사실 맡기고 순종하며 따르기가 쉽지는 않습니다. 그러나 그것조차도 성령님께 부탁하면 됩니다. "너희 안에 계신 이가 세상에 있는 자보다 크심이라"(요일 4:4)고 하셨어요.

예수님께서는 하나님 보좌 우편에서 Mrs. O를 위해 간구하고 계시고, 성령님께서는 Mrs. O 안에서 Mrs. O가 미처 기도하지 못하는 것까지 말할 수 없는 탄식으로 Mrs. O를 위해 친히 간구하십니다(롬 8:26). Mrs. O가 이렇게 복된 사람이 됐습니다. 이 모든 것이 예수님을 영접해서 의롭다 함을 받은 사람들만이 누리는 축복이고 은혜입니다. 그러니 예수님을 영접한다는 것이 얼마나 중요한지요. 너무 감사하죠?

생명책

다음은 생명책에 대해 말씀드리겠습니다.

Mrs. O가 예수님을 영접하는 순간 하나님은 Mrs. O를 의롭다 하시고 즉시 Mrs. O의 이름을 하늘나라 생명책에 기록해 주셨습니다. Mrs. O를 영원한 하나님의 가족으로 받아 주시고 하나님의 가족 명단에 올려 놓으신 것입니다. 얼마나 감격스러운 일입니까?

이제 예수님께서 다시 오실 때 이미 흙으로 돌아갔던 육체는 영광의 몸(고전 15:44)으로 부활할 것입니다. 만일 그때까지 살아 있는 사람은 그날을 사모하며 잘 준비하고 있으면 공중에서 하나님의 나팔 소리와 함께 생명책에 기록된 한 사람 한 사람을 부활의 몸으로 변화시켜 공중으로 끌어올려 가실 것입니다(살전 4:16-17). 우리는 예수님을 맞이하기 위해 늘 잘 준비하고 있으면 됩니다. 그러나 "누구든지 생명책에 기록되지 못한 자는 불 못에 던져지더라"(계 20:15)고 하셨습니다. 혹시 가족이나 주위에 아직 이런 사실을 모르고 사는 분이 계시면 꼭 이렇게 예수님을 영접할 수 있는 기회를 만드시고 교회에 모시고 나오세요.

천국 시민

끝으로, 천국 시민이 된 것에 대해 말씀드리겠습니다.

예수님을 영접해서 의롭다 함을 받는 그 순간 Mrs. O는 천국 시민이 되었습니다(빌 3:20). 그러니 지금 이렇게 이 땅에 살고 있지만 실상은 어느 나라 사람이에요?

■ 천국 백성이 된 건가요?

▢ 네… 천국 백성이 되신 거예요. 하나님은 우리가 이 세상에 잠깐 왔다 가는 나그네라고 말씀하셨습니다. 이 땅에 속한 사람이 아닙니다. 우리는 언제라도 하나님께서 부르시면 천국에 가요. 예수님께서 육신을 입고 이 땅에 오셔서 십자가에서 죽으신 것은 깨어 있든지 자든지 우리와 함께 살려고 그러셨다고 하셨습니다(살전 5:10). 예수님의 궁극적인 목적은 잠시 이 세상에서뿐만이 아니고 영원히 우리와 함께 천국에서 사는 것입니다. 우리가 이 땅에 사는 매 순간은 천국에 가서 받을 영원한 상급과 면류관을 준비할 수 있는 기회예요. "보라 내가 속히 오리니 내가 줄 상이 내게 있어 각 사람에게 그가 행한 대로 갚아 주리라"(계 22:12)고 하셨어요. 잠시 후면 갈 그 나라를 소망하면서 억울한 일도 괴로운 일도 조금만 참으면 됩니다. 그리고 먹고 입을 것이 있으면 족한 줄로 알고 이 땅에 사는 동안 감사함으로 온 맘 다해 하나님만 사랑하면서 하나님께서 기뻐하시는 일을 많이 하십시오. Mrs. O가 일한 대로 상을 받아 천국에서 영원히 누리며 살게 될 것입니다(계 22:12). 현재의 고난은 장래의 영광과 비교할 수 없다고 말씀하셨습니다(롬 8:18).

말씀을 듣고 나니 이젠 언제라도 분명히 천국에 가는구나 하는 믿음이 생기시죠?

■ 그러네요.

▢ 그렇습니다. 우리의 공로나 자격으로 가는 것이 아니라 진심으로 죄를 회개하고 예수님을 영접했기 때문에, 이젠 하나님 말씀과 성령의 인도하심에 순종하며 따라 가기만 하면 언제라도 꼭 천국에 갑니다(히

6:17). 그러나 우리 힘만으로는 할 수 없습니다. 이 모든 은혜가 헛되지 않기 위해 성령님의 도우심을 꼭 간구하면서 천국에 이르기까지 승리하시기 바랍니다(딤전 1:15-17; 롬 6.22; 딤전 6:12).

어떠세요? 하나님이 Mrs. O를 얼마나 사랑하시는지, Mrs. O가 하나님 앞에 얼마나 귀한 존재인지 이제 아셨죠? 우리에게 주신 이 귀한 하나님의 은혜와 사랑을 등한히 여기면 안 됩니다(히 2:3).

오늘 Mrs. O에게 이렇게 많은 은혜와 복을 주신 하나님께 제가 잠깐 감사 기도드리겠습니다.

하나님 아버지, Mrs. O의 모든 죄를 용서해 주심을 감사드립니다.
허물 많은 저희를 의롭다 하시고 이처럼 큰 은혜와 복을 누리면서
하나님의 자녀로 살게 해 주시니 감사합니다.
Mrs. O 안에 계신 성령님의 인도하심을 따라 순종하며 살게 하옵소서.
Mrs. O 이름을 생명책에 기록해 주시고,
천국 시민이 되게 하심을 감사합니다.
천국 가는 그날까지 Mrs. O와 동행해 주옵소서.
예수님의 이름으로 기도합니다. 아멘.

감사합니다. 이제 Mrs. O는 하나님의 가족이 되었습니다. 누구든지 이 세상에 태어나면 한 가정의 가족이 되듯이 예수님을 믿고 하나님의 자녀가 되면 필연적으로 하나님의 가족이 됩니다. 몸의 각 지체가 몸에 붙어 있을 때에만 건강을 유지할 수 있듯이 하나님의 자녀들은 교회에 속해 영적인 공급을 받고 보호를 받을 때만 건강하게 성장해 갈

수 있습니다.

이번 주일부터 꼭 교회에 나오셔서 온 맘과 정성을 다해 찬양과 예배를 드리십시오(요 15:5; 히 10:25). 예배는 하나님을 만나는 시간이고, 구원받은 우리에게 최고의 영광스런 자리입니다. 그때 하나님께서 Mrs. O의 마음을 만져 주시는 것을 체험하게 됩니다. 그러는 가운데 믿음이 성장해 가는 만큼 그리스도의 몸인 교회의 유익을 위해 사랑으로 연합하여 함께 헌신하고 봉사하고 교제하고 예배하며 주님을 섬기게 되는 것입니다(골 1:18; 엡 2:19-22).

그리고 이제부터 무엇이든지 기도로 하나님께 도움을 청하면서, 힘들고 무거운 모든 짐을 하나님 앞에 내려놓으십시오. 하나님 안에서 쉼과 평안을 누리게 됩니다. 지금은 제게 들어서 아셨지만 이 하나님의 사랑을 직접 느끼고 경험할 때 더 행복해지고 감사하게 될 겁니다. 이 귀한 하나님의 사랑을 주위에 믿지 않는 사람들과 나누면서 성경을 매일 읽기 시작하십시오. 하나님께서 말씀을 통해 우리에게 믿음을 주시고 날마다 생명을 공급해 주실 것입니다. 그 은혜로 우리가 인내하며 힘 있게 하나님을 기쁘게 해 드리는 삶을 살면서 천국에 들어갈 수 있습니다.

혹 개인적인 상담이 필요하시면 언제라도 저희 교회로 연락해 주십시오. 여기 전화번호가 있습니다. 이 전도지를 두고 갈 테니 꼭 여러 번 읽어 보시고 다른 분에게 전해 주세요. 감사합니다. 그럼 이번 주일에 교회에서 기다리겠습니다. 안녕히 계십시오.

3. CWM 만화 전도지와 어린이 전도

우리는 흔히 어른들만을 전도대상자로 염두에 두고 생각하기 쉽다. 교육부를 맡고 있는 교사들 중에는 영혼 구원보다는 어린이들의 관심사에 초점을 두고 설교하고 성경 공부를 진행하며, 친교 프로그램을 만들어 교회생활에 재미가 붙게 하는 데 주력하기도 한다. 그러면서 열심히 교회에 출석하고 어린이들의 수가 늘어 가면 그것으로 만족해하는 경향이 있다. 그러나 다시 깊이 생각해 봐야 한다.

1) 어린이 전도가 왜 중요한가?

(1) 어린이도 어른과 똑같은 천하보다 귀한 영혼이다.
(2) 일초 후의 일을 알 수 없는 것도 어린이나 어른이나 같다.
(3) 질병 많고 사고 많고 유혹 많은 음란하고 패역한 세대에서 그들을 성별시켜 주고 보호해 줄 수 있는 것은 복음뿐이다.
(4) 한 어린이가 예수님을 영접했을 때, 그의 인생을 통해 펼치시는 하나님의 역사의 무한한 가능성은 상상을 초월할 것이다.

우리는 다음과 같은 방법으로 예수님을 영접하고 구원의 확신을 가진 어린이로 신앙생활할 수 있게 해야 한다.

(1) 현재 맡고 있는 어린이들을 일단 진단하고, 복음을 전해서 예수님을 영접할 수 있도록 도와주고 구원의 확신을 심어 주면서, 하나님 앞에서 자신의 정체성을 확립시켜 준다.
(2) 매주 혹은 수련회나 계절 성경학교(VBS)에 새로 오는 어린이들 역시

진단, 영접과 함께 구원의 확신을 심어 주고 하나님의 은혜와 축복을 설명해 주면서 천국 소망을 넣어 준다.

(3) 한 달에 한 번이라도 공원이나 마켓, 병원, 양로원 등, 전도 현장에 함께 나가 일찍부터 잃어버린 영혼에 관심을 갖게 하고 삶의 참 의미를 일깨워 준다.

그러면서 계속 성령님께 의탁하고 말씀과 기도로 그들의 삶을 이끌어 준다.

2) 만화 전도지 4분 전도

일반용 만화 전도지를 가지고 어린이, 학생 등에게 전도할 때다.

"내가 이거 하나 줘야겠다~~.

그런데 있지~~. 너 혹시 이런 생각해 본 적 있니?" 하면서 시작한다.

2p 아래 '사람은 몸을 가지고 있지만'을 손가락으로 가리키며

"여기 잠깐 볼래?" 하면서

"우리가 이렇게 몸을 가지고 있지만 이 몸이 우리의 전부가 아냐.

우리 몸 안에는 누구나 영혼이 있어. 너 여기(영혼)에 동그라미 한 번 쳐 볼래?"

하면서 동그라미를 치게 하고 나서,

3p에 사람이 누워 있는 그림을 가리키면서,

"사람이 죽으면 그 몸에서 영혼이 나와서 어디론가 가게 되는데 거기가 바로 천국 아니면 지옥이야. 지옥은 무시무시하고 끔찍한 곳이지만 천국은 기쁨이 가득하고 정말 아름다운 곳이거든. 물론 너도 당연히 천국에 가고 싶겠지?" 하고 4p로 넘어가서,

"그런데 말이야. 천국은 죄가 하나도 없는 사람만 갈 수 있는 곳이거든. 혹시 너 거짓말 한 거 없어? 싸우고, 게으름 피고, 고자질하고, 나쁜 생각한 적 없어?

그런데 그 모든 것보다 더 큰 죄가 있어. 그건 네가 예수님을 믿지 않는 거란다. 바로 그런 죄 때문에 천국에 못 가고 지옥에 가게 되는 거야."

5p로 넘어가서, "그래서 예수님이 이 땅에 오신 거야. 예수님은 우리 죄를 용서해 주시기 위해 십자가에서 대신 죽으시고 3일 만에 무덤에서 다시 살아나셨어. 그러니까 네가 이 사실을 믿고 진심으로 회개하면서 예수님을 마음에 모셔 들이면 네 모든 죄를 용서받고 천국에 갈 수 있는 거야. 그때부터 예수님이 너와 함께하시고 네가 어디로 가든지 무얼 하든지 너를 지켜 주신단다~!"

6p 중간, 영접기도 내용을 가리키면서,
"자, 이걸 알았으니까 우리 같이 기도하자! 내가 가르쳐 줄게. 그대로 네가 진심으로 하나님께 말씀 드려."
하고 영접기도를 인도한다.

영접기도를 다 마치고 나서,
"참 잘했어! 정말 축하해! 네가 진심으로 기도할 때, 하나님이 네게 많은 선물을 주셨어. 그중에 다섯 가지만 말해 줄게."
하고 7p 처음부터 확신 부분을 설명해 준다.
"지금까지 지은 모든 죄를 용서받은 것은 물론이고 앞으로 짓는 죄도 회개하면 용서해 주셔. 그러니까 이젠 또 잘못하는 거 있으면 회개하는 것만 잊지 않으면 돼. 여기(회개)에 동그라미 쳐 볼래?

이제 너는 하나님의 자녀가 되었어.

그리고 예수님의 영, 성령님께서 네 마음속에 들어와 계신단다.

네 이름이 뭐야? 김영민~~?! 아, 그렇구나~! 여기 써 줘야겠네~

네 이름이 하늘나라 생명책에 '김영민' 이렇게 기록되었고, 너는 하늘나라

시민이 된 거야.

너 여기 (하나님의 자녀), (성령님), (생명책),

그리고 (하늘나라 시민)에 동그라미 쳐 볼래?

정말 멋지지 않니?

그럼 이제부터 무엇을 해야 할까?" 하면서 뒷 페이지를 보여 주며,

"당장 이번 주일부터 교회에 나가서 하나님께 예배드려야 해. 알았지?"

"이거 중요한 거니까 집에 가서 자세히 여러 번 꼭 읽어 봐.

이번 주일에 교회에서 만나자~!!" 하고 전도지를 손에 쥐어준다.

3) 어린이를 전도할 때 기억할 점은 무엇인가?

(1) 그 아이와 연결시켜라. 동일시되는 부분이 있을 때 관심이 있다.

(2) 계속 칭찬해 주면 좋아한다.

(3) 관심사를 끊임없이 끄집어내 주어야 집중한다.

(4) 자기 손으로 흔적을 남기게 하라. (예: 밑줄 쳐 봐.)

(5) 아이들의 용어로 최대한 쉽게 바꿔서 전하라.

(6) 특히 기억할 부분은 굉장히 중요한 것이라고 각인시켜라.

(7) 영접기도에 목숨을 걸어라.

(8) 상황이 허락되면 반드시 축복기도해 주고 꼭 안아 주라.

8장 막힌 곳 돌파(6단계)

우리가 복음을 제시할 때, 마귀는 온갖 수단과 방법으로 전도를 방해하려 한다. 전도자의 마음속에 두려움과 여러 가지 의심이 일어나게 한다. 전도대상자의 마음을 강팍하게 하여 반대 의견을 제시하게도 한다. 포용적 복음이라 할지라도 배타적인 사람들에게 그것을 나눠 주기란 쉬운 일이 아니다.

1. 질문이나 반대 의견은 어떻게 대처하는가?

1) 성의를 가지고 관심 있게 받아 준다.
"그렇게 생각하셨군요.", "그러시죠?", "충분히 그렇게 생각하실 수 있겠군요.", "그런 말씀하시는 것 이해가 돼요." 등, 비록 이치에 맞지 않는 이야기일지라도 긍정적으로 받는다. 반대 의견으로 인해 어색한 분위기가 되지 않도록 성의 있게 대한다.

2) 내용을 빨리 파악하여 우선순위를 정한다.
일단 질문이나 반대 의견이 나오면, 그 즉시 해결을 해야 하는지, 계속 복음을 듣다 보면 저절로 해결될 수 있는 것인지, 아니면 뒤로 미룰 것인지를 빨리 파악해야 한다. 결정이 내려지면 다음과 같이 대처한다.

① 즉시 해결해야 할 경우
"그런 말씀하시는 것 충분히 이해됩니다. 그런데 그건 사실…" 하면서 일단 그 문제부터 이해시킨 다음, "이제 제 말씀을 계속 들어 보세요." 하면서 복음을 전한다.

② 복음을 듣다 보면 저절로 해결이 될 수 있는 경우

"그렇게 생각하시는군요. 그것은 제 말씀을 조금만 더 들어 주시면 이해되실 겁니다." 하면서 지혜롭게 미뤄 놓고 그대로 계속 복음을 전한다.

③ 뒤로 미뤄도 될 경우

"그렇게 생각하시는군요. 그 문제는 잠시 후 자세히 설명해 드리겠습니다. 우선 제 말씀을 조금 더 들어 보세요." 하면서 계속 복음을 제시하다가 그 문제와 연관이 되는 내용을 전할 때에 가서 "아까 선생님이 … 라고 말씀하셨는데" 하면서 그것을 잘 설명하고 이해시키면서 다시 계속 복음을 전한다.

3) 복음 제시가 우선이 되도록 한다.

질문이나 반대 의견이 나올 때마다 설명하다 보면 논쟁이 발생할 우려가 있다. 때로는 그런 것이 계속 꼬리를 물고 나올 때가 있다. 그러다 보면 복음은 전하지도 못하고 시간만 끌게 되며 어색한 분위기로 자리를 떠나게 되는 일도 종종 생긴다. 부득이한 경우를 제외하고는 그때마다 해결하려고 하는 것은 효과적이지 못하다.

2. 예화 및 비유로 반대 의견을 처리할 수 있다.

복음을 기쁘게 받아들이지 않는 사람을 만날 때 혹 예비된 영혼이 아니라고 생각하고 쉽게 포기할 수 있다. 그러나 준비된 영혼일지라도 악한 세력의 영향으로 복음을 받지 못할 때가 있다. 그때는 방해 세력을 물리치는 간절한 기도가 필요하다(67쪽 '전도 현장 출동 기도문' 참고). 또한 예화, 비유를 가지고 대처해 나갈 수 있다. 몇 가지 예를 들어보자.

/ 옷의 비유 /

1) "그저 매일 열심히 살아가고 있습니다. 굶지 않고 남 보기 부끄럽지 않게 살려고 노력하는 거죠. 그러다 보니 다른 것을 생각할 겨를이 없습니다."

그러시군요. 그런데 우리가 이렇게 옷을 입고 있잖아요? 이 옷을 너무 오래 입어서 낡아지면 그때는 벗어 버릴 수밖에 없어요. 또 옷이 좀 더러워지면 빨면 되겠지만 천이 상할 정도가 되면 그때도 우린 벗어 놔야 합니다. 옷이 찢어진 경우도 마찬가지예요. 어디가 조금 찢어졌으면 꿰매 입을 수 있어요. 그러나 너무 심하게 찢어지면 우리는 그 옷을 벗어 놓을 수밖에 없게 되죠.

그렇듯이 우리가 이렇게 육체를 가지고 있지만 이 육체가 우리의 전부가 아니에요. 우리 육체 속에는 누구나 영혼이 있어요. 하나님께서는 이 육체를 영혼의 옷으로, 집으로, 그릇으로 성경 여러 곳에 말씀해 주셨죠.

우리 영혼이 이 육체를 옷처럼 입고 있다가 너무 오래 입어서 낡아지면 이 낡은 육체를 벗어 놓게 되는데, 그때 우리는 이 사람이 너무 연로해 세상을 떠났다고 합니다.

또 우리 육체가 더러워졌다는 것은 몸에 상처가 나고 상했다는 얘기인데, 그때는 주사를 맞든지 약 처방을 받으면 되겠지만, 그러나 병원에서도 포기할 정도가 되면, 이 상한 육체를 벗어 놓게 되는데, 그때는 이 사람이 병이 들어 세상을 떠났다고 합니다.

그런가 하면 예를 들어, 여기 이렇게 컵에 물이 들어 있다고 해 보죠. 이 컵이 산산조각 나면 물은 저절로 다 흘러나오게 됩니다. 그것처럼 아주 흔한 예로, 교통사고가 난 경우를 한번 생각해 보죠. 사고로 이 육체가 너무 심하게 상하면 이 영혼은 더 이상 이 상한 육체 속에 머물러 있을 수 없고 벗어 놓는 순간 이 사람이 교통사고가 나서 세상을 떠났다고 합니다. 그리고 벗어 놓고 간 이 육체를 땅에 묻어 주면서 기념해 주는 것을 우리는 장례식을 한다고 하죠.

"그럼 육체를 벗어 놓는 순간 어떻게 되느냐 하면요, 그때는 누구나 천국 아니면 지옥, 두 길 중에 한길을 가게 돼요. 지금도 이 세상 여기저기서는 많은 사람이 태어나는가 하면, 또 수없이 많은 사람이 늙거나, 병이 들거나 사고가 나서 육체를 벗어 놓고 각각 그 두 길 중에 하나의 길을 가고 있어요. 그때부터 그들은 다시는 돌이킬 수 없는 그 무서운 고통 가운데 지옥에서, 아니면 말할 수 없는 평안과 기쁨 가운데 천국에서 영원히 살게 되는 겁니다.

천국을 선택할 수 있는 기회는 오직 우리가 이 땅에 살고 있는 동안뿐이에요. 그런데 우리가 이 땅에서 언제까지 살게 될지 아는 사람이 있을까요? 그날은 순서도 없고 기약도 없습니다."

2) "이왕이면 그래도 제대로 자리를 잡고 살아 봐야 될 것 아닙니까?"
(이 땅에 애착을 두고 거기에 묶여 사는 사람)

"성경에는 '한번 죽는 것은 사람에게 정하신 것이요 그 후에는 심판이 있으리니'(히 9:27)라고 하셨어요. 아무도 이것을 피하지 못합니다. (이때 분위기에 따라 '옷의 비유' 삽입) 언제라도 하나님이 그만 살고 오라 하시면 육체를 벗어 놓고 떠납니다. 애써 모아 놓았던 모든 것을 다 그대로 둔 채 가야만 합니다. 그럼 이 영혼이 육체를 벗어 놓는 순간 어떻게 되는가 하면, 그때는 천국 아니면 지옥으로 가게 돼요. 우리가 믿든지 안 믿든지 엄연한 현실로 천국과 지옥은 존재하고 있어요. 그런데 그 길을 결정할 수 있는 기회는 오직 우리가 이 땅에 살고 있는 동안뿐이에요. 우리에게 가장 큰 비밀이 있다면 그것은 바로 내가 언제까지 이 땅에 살고 있을지 알 수 없다는 것입니다. 그날은 순서도 없고 기약도 없습니다. 언제일지는 모르지만 그날을 미리 준비하고 있어야만 합니다."

/ **자동차 보험의 예** /

3) "도무지 시간이 없어요. 요즘은 직업을 두 개씩 가지고 뜁니다. 차차 자리가 잡히면 그때 나가겠습니다.

우리가 매일 차를 몰고 다니지만 보험은 꼭 들죠? 언제 어디서 무슨 사고를 당할지 모르기 때문입니다. 갑자기 큰 사고라도 나게 되면 당황하게 되지 않겠어요? 그러나 미리 자동차 보험을 들어 놓고 그때부터 좀 힘들지만 매달 보험료만 잘 내면 그래도 안심하고 운전하고 다닐 수 있습니다.

"많은 사람이 지금은 도저히 시간을 낼 수 없고 나중에 차차 교회를 나가겠다고 하면서, 정말 제대로 먹지도 자지도 못하고 직업을 두세 개씩 가지고 뛰면서 열심히 살아갑니다. 그리고 나름대로 굉장한 계획을 세우고 기필코 목적을 성취해 한 번 멋있게 누리고 살겠다고 전력을 다해 뛰고 있습니다. 하지만 육체는 마치 영혼의 옷이나, 집이나, 그릇과 같습니다. (이때 분위기에 따라 '옷의 비유' 삽입) 우리 영혼은 고작 70-80년 동안 육체를 입고 살지만, 그 안에라도 하나님께서 부르시면 가야 합니다. 애써 쥐고 있던 모든 것까지 다 그대로 두고 가야만 합니다(시 39:6). 그것을 죽음이라고 합니다. 아무도 이것을 피할 수 없습니다. 하나님께서 "어리석은 자여 오늘 밤에 네 영혼을 도로 찾으리니 그러면 네 준비한 것이 누구의 것이 되겠느냐"(눅 12:20)고 말씀하십니다. 그 누구나 천국 아니면 지옥, 두 곳 중에 한 곳으로 갑니다."

마 16:26   "사람이 만일 온 천하를 얻고도 제 목숨을 잃으면 무엇이 유익하리요 사람이 무엇을 주고 제 목숨과 바꾸겠느냐"

시 39:6   "진실로 각 사람은 그림자 같이 다니고 헛된 일에 소란하며 재물을 쌓으나 누가 거둘는지 알지 못하나이다"

시 49:17   "저가 죽으매 가져가는 것이 없고 그의 영광이 그를 따라 내려가지 못함이로다"

눅 12:40   "너희는 준비하고 있으라 생각하지 않은 때에 인자가 오리라"

4) "사업을 좀 크게 벌여 놨더니 지금은 도무지 빠져나갈 수가 없군요. 조금
   만 더 자리를 잡아 놓으면 그때 생각해 보겠습니다."
   "아이들이 너무 어려서, 앞으로 한 1-2년만 더 키워 놓으면 그때는 시도
   해 보겠습니다."
   (특히 이렇게 시간을 제한해 놓고 이야기할 때)

영국 여왕 엘리자베스 1세가 숨을 거두는 자리였습니다. 의사에게 자기의
생명을 6개월만 연장시켜 준다면 대영 제국의 절반이라도 주겠다고 했답니
다. 물론 의사는 죽어 가는 여왕의 생명을 6개월은 고사하고 단 1분도 연장
할 수 없었습니다.
유명한 카네기도 그랬다고 합니다. 자기를 10년만 더 살게 해 준다면 2억
불을 내겠노라고 하며 바둥댔지만 역시 하나님께서 부르시니 더 지체하지
못하고 결국은 다 죽고 말았습니다.

"언제든지 하나님이 부르시면 누구나 가야만 합니다. 그러므로 우리가 살아
있을 때 그날을 준비하는 것이 무엇보다 중요합니다."

5) "나 같은 죄인이 어떻게 천국에 가겠어요? 저는 죄가 너무 많아서요."

그런데 말이죠~. 마치 한 사람의 실수로 모든 사람이 방사능에 노출되듯이 본래 우리 모든 사람은 인간의 조상 아담으로 인해 오염된 죄성을 가지고 이 세상에 태어났어요(롬 5:12). 그런데 또 우리가 살고 있는 세상은 어떤 세상입니까? 마치 이미 먼지가 가득 쌓여 있고 지금도 계속 먼지가 쌓이고 있는 방과 같은, 죄로 인해 완전히 부패되고 점점 더 악해져 가고 있는 세상이에요. 하나님께서는 마음으로 미워하기만 해도 살인한 것이라고 말씀하셨는데, 먼지가 가득한 방에서는 아무리 먼지를 피하면서 조심하고 산다고 해도 먼지를 묻히지 않고 살 수 없듯이, 더구나 죄성을 가지고 태어난 우리 인간은 이런 악한 세상의 유혹을 피할 수 없어 결국 끊임없이 또 죄를 짓고 살게 되는 것이죠. 그러니 OOO만 죄가 있는 게 아니에요. 우리 중에 죄 없는 사람은 한 사람도 없어요. 그리고 우리는 흔히 죄라고 하면 사람들 사이에 지은 죄만을 생각하기 쉬운데, 성경에 "죄에 대하여라 함은 그들이 나를 믿지 아니함이요"(요 16:9)라고 하셨어요. 태어나면서부터 하나님을 배반한 인간의 후손으로 태어난 우리 인간은 모두 이미 하나님 앞에 죄인이에요. 우리가 생각하는 대인 관계의 죄는 그 다음이에요.

마 9:13 하   "나는 의인을 부르러 온 것이 아니요 죄인을 부르러 왔노라"

롬 3:10   "의인은 없나니 하나도 없으며"

롬 5:8   "우리가 아직 죄인 되었을 때에 그리스도께서 우리를 위하여 죽으심으로 하나님께서 우리에게 대한 자기의 사랑을 확증하셨느니라"

요일 1:9 　　　"만일 우리가 우리 죄를 자백하면 그는 미쁘시고 의로우사 우리
　　　　　　　죄를 사하시며 우리를 모든 불의에서 깨끗하게 하실 것이요"

**6) "착하게만 살면 다 좋은 데 가겠죠. 나는 특별히 내가 죄인이란 생각은
　해 본 적이 없는데요."**
(자신의 선행으로 가겠다는 사람)

그러시군요~. 제가 뵙기에도 그렇게 조심하면서 성실하게 사시는 분 같아요. 그런데 말이죠~.

마치 한 사람의 실수로 모든 사람이 방사능에 노출되듯이 본래 우리 모든 사람은 인간의 조상 아담으로 인해 오염된 죄성을 가지고 이 세상에 태어났어요(롬 5:12). 그런데 또 우리가 살고 있는 세상은 어떤 세상입니까? 마치 이미 먼지가 가득 쌓여 있고 지금도 계속 먼지가 쌓이고 있는 방과 같이, 죄로 인해 완전히 부패되고 점점 더 악해져 가고 있는 세상 아닙니까? 하나님께서는 마음으로 미워하기만 해도 살인한 것이라고 말씀하셨는데, 먼지가 가득한 방에서는 아무리 먼지를 피하면서 조심하고 산다고 해도 먼지를 묻히지 않고 살 수 없듯이, 더구나 죄성을 가지고 태어난 우리 인간은 이런 악한 세상의 유혹을 피할 수 없어 결국 우리는 끊임없이 또 죄를 지으면서 살게 되는 것입니다. 그리고 우리는 흔히 죄라고 하면 사람들 사이에 지은 죄만을 생각하기 쉬운데, 성경에 "죄에 대하여라 함은 저희가 나를 믿지 아니함이요"(요 16:9)라고 하셨어요. 태어나면서부터 하나님을 배반한 인간의 후손으로 태어난 우리 인간은 모두 이미 하나님 앞에 죄인이에요. 우리가 생각하는 대인 관계의 죄는 그 다음이에요. 이런 죄를 가지고는 거룩하신 하나님이 계신 천국에 갈 수 없어요.

약 2:10	"누구든지 온 율법을 지키다가 그 하나를 범하면 모두 범한 자가 되나니"
요 16:9	"죄에 대하여라 함은 그들이 나를 믿지 아니함이요"
엡 2:8-9	"너희는 그 은혜에 의하여 믿음으로 말미암아 구원을 받았으니 이것은 너희에게서 난 것이 아니요 하나님의 선물이라 행위에서 난 것이 아니니 이는 누구든지 자랑하지 못하게 함이라"

/ 미국의 실존과 천국 지옥의 예 /

7) "천국이 있기는 정말 있는 겁니까? 저는 그것이 믿어지지 않습니다." "죽으면 그만이지 무슨 천국이 있고 지옥이 있겠습니까?"

"예수님을 영접하기 전에는 이런 사실을 눈으로 보지 못하고 귀로도 듣지 못하고 도저히 생각할 수도 없다고 하나님께서는 말씀하셨습니다(고전 2:9). 그러나 예수님을 영접하고 나면 거듭난 영의 사람이 되고 그 사람 안에 내주하시는 성령님께서 하나님의 지혜와 믿음을 주셔서 그 모든 것을 깨닫게 하시고 믿게 하시며 바라보고 가게 해 주십니다. 이 시간 제가 도와드릴게요. 예수님을 영접하십시오." 하고 권한다.

미국에 먼저 와서 보고 정말 미국이 있구나 하고 다시 가서 준비를 해서 미국에 온 사람은 없을 겁니다. 어느 비행기를 타고 어느 쪽으로 몇 시간만 가면 미국이 있다더라 하는 것을 듣고 그것을 믿고 와 보니 정말 미국이 있었습니다. 미국이 있는 것을 믿지 않는다 하더라도 미국은 실존해 있습니다. 그보다 하나님께서 분명히 하나님의 영광이 가득 차 있고 황금과 각색 보석으로 꾸며져 있는 천국, 다시는 사망이 없고 애통하는 것이나 곡하는 것이나 아픈 것이 없는 천국이 있다고 말씀하셨습니다(계 21:4). 그런가 하면 구더기도 죽지 않고 꺼지지 않는 유황불이 타오르는, 사람마다 불로 소금 치듯 함을 받는 끔찍한 지옥이 있다(막 9:48-49; 계 21:8)고 말씀하셨습니다.

우리가 알고 있는 유황은 원자번호가 16인 비금속 물질로 끓는점은 444도라고 합니다. 유황 불 못의 온도는 최소 444도 이상 될 것이라는 의미입니다. 100도가 아닙니다. 지옥은 최소한 444도 이상이 되는 유황 불 못이 영원 영원토록 끓는 곳입니다. 그런 곳에서 영원 영원토록 고통 속에 살아갈 것을 상상해 보십시오. 얼마나 끔찍합니까? 그래서 지옥만큼은 무슨 일이 있어도 가지 말아야 합니다.

오죽하면 예수님께서 "만일 네 눈이 너를 범죄하게 하거든 빼어 내버리라 한 눈으로 영생에 들어가는 것이 두 눈을 가지고 지옥 불에 던져지는 것보다 나으니라"(마 18:9)고 하셨겠습니까?

계 21장   성경에 기록된 천국
막 9:48-49   "거기에서는 구더기도 죽지 않고 불도 꺼지지 아니하느니라 사람마다 불로써 소금 치듯함을 받으리라"

/ 수표의 예 & 버스의 예 /

8) (복음을 다 전하고 나서 예수님을 영접하자고 하는 순간에)
   "생각할 시간을 좀 주세요. 믿음이 생기면요. 나중에…"

이것은 예를 들어 말씀드리는 것이니까 이해하고 들어 주세요.

선생님께서 어쩌다 빚을 지게 되어 이젠 제대로 먹지도 자지도 못하고 평생 허덕이면서 갚아도 다 갚을 수 없어서 고생하고 있습니다. 그런데 어느 마음에 사는 착한 큰 부자가 그렇게 고생하는 것을 보고 너무 안타까워서, 하루는 수표 한 장을 써 주면서, "이것으로 빚을 청산하고 이젠 고생 그만하고 평안하게 사십시오."라고 말했습니다.

선생님은 감사하게 그 수표를 받아서 즉시 빚을 청산하고, 그분과 그때부터 계속 사랑의 교제를 나누면서 평생을 기쁘게 살 수도 있고, 아니면 그 거액의 수표가 과연 진짜인지 믿을 수가 없으니, 생각 좀 해 보겠다고 하면서 미루고 거부하면서 평생을 그대로 고생하며 살 수도 있습니다. 이제 이 두 길 중에 어느 길을 택할 것인가는 선생님 자신에게 달려 있습니다.

예를 들어, 선생님이 버스 요금이 없어서 길도 모르면서 무거운 짐을 잔뜩 들고 가는데 어떤 마음 착한 분이 버스 요금을 내 주고는 하는 말이, 길도 모르면서 무거운 짐을 그렇게 잔뜩 들고 가는 걸 차마 볼 수 없어서 "버스 요금을 내가 대신 냈으니 믿고 그 짐을 올려 놓고 타세요. 그러면 목적지까지 편안히 모셔다 드릴 겁니다."라고 하는데, 거기에 특별히 무슨 생각이 필요하겠습니까?

감사하면서 믿고 그 차에 올라 타기만 하면 목적지까지 안전하게 갈 수 있는 것처럼, 예수님이 내 죄를 위해 십자가에서 대신 죽으시고 부활하신 사실을 믿고 예수님을 마음에 영접하기만 하면 분명히 천국까지 가게 됩니다.

/ 열쇠의 예 /

9) "종교는 다 같은 것 아닌가요? 우린 다 나가는 데가 따로 있어요."

여기 이렇게 열쇠 꾸러미를 가지고 있습니다. 이 열쇠들을 보면 그중에 몇은 아주 비슷해서 잘 구별할 수가 없어요. 그러나 자세히 보면 다 각기 모양이 다르고 용도가 다르죠. 그중에 우리 집에 들어갈 때는 꼭 이 열쇠로 문을 열어야만 들어갈 수가 있습니다.

"그렇듯이 이 땅에는 얼마나 많은 종교들이 있습니까? 그러나 '어떤 길은 사람이 보기에 바르나 필경은 사망의 길이니라'(잠 16:25)고 하셨습니다. 그 모든 종교의 시조들은 다 하나님이 만드신 우리와 똑같은 인간 피조물이에요. 그저 나름대로 애를 쓰다가 결국 인간 수명이 다하는 날 하나님이 부르실 때, 그 육체를 벗어 놓고 자기 죗값대로 다 죽고 말았습니다. 그런데도 무지한 많은 사람이 미혹되어 그 뒤를 따르고 있지만 실상은 모두가 죽은 종교입니다. 그런데 우리를 위해 십자가에서 대신 죽으신 예수님은 죄도 없으시고 또한 인간 피조물이 아닌 창조주 하나님이시기 때문에 사흘 만에 다시 살아나셨습니다. 그날을 부활절이라고 하죠. 그래서 예수님께서 '나는 부활이요 생명이니'(요 11:25), '나로 말미암지 않고는 아버지께로 올 자가 없느니라'(요 14:6)고 하셨습니다."

10) "다 압니다. 몰라서 그러는 게 아닙니다"

"이미 많이 들었습니다. 늘 듣는 얘기죠."

선생님께서 지금 잉크가 묻은 바지를 입고 있다고 생각해 보죠. 선생님은 그 잉크를 지울 수 있는 약이 무엇인지, 그리고 그 약을 사다가 닦으면 깨끗해진다는 것을 오래 전부터 잘 알고 있다고 해서 그 바지의 잉크가 지워지는 것은 아닙니다. 그 약을 사다가 닦아야만 지워지지 않겠어요?

"그렇듯이 예수님이 우리의 모든 죄를 용서해 주시기 위해 돌아가셨다는 것을 오래 전부터 잘 알고 있다고 해서 그 죄를 용서받는 것은 아닙니다. 중요한 것은 알고 있는 그 말씀을 믿고 진심으로 자백하고 예수님을 영접할 때 비로소 죄를 용서받고 천국에 갈 수 있게 됩니다."

11) "하나님이 어디 있소? 그럼 보이지도 않는 하나님을 믿지 않는 것도 죄란 말입니까?"

"그렇게 생각되실 겁니다. 그런데 이 세상에는 눈에 보이지 않지만 존재하는 것들이 많습니다. 미생물들은 우리 주위에서 함께 살아가고 있지만 사람의 맨눈에는 안 보입니다. 전파나 공기도 사실 우리 눈에 보이진 않지만 분명히 존재합니다. 그렇듯이 우리 눈에 보이지는 않지만 하나님은 분명히 이 시간도 살아 계시고 우리의 모든 것을 공급해 주고 계십니다.

예를 들어, 부모가 열 달 내내 고생해서 자녀를 낳고 씻기고, 먹이고, 입히고, 가르치면서 애써 키워놨습니다. 그랬더니 자기 부모가 누구인지, 부모가 있는지 없는지, 자기 부모를 부모로 인정하지도 공경하지도 않는 사람이 있다고 생각해 보세요. 아무리 대인 관계에서 칭찬받고 선하게 사는 사람일지라도 부모에게는 얼마나 큰 불효이고 죄인지 모릅니다. 그처럼 하나님을 하나님으로 인정하지 않고 하나님으로 잘 섬기지 못한 것이 얼마나 큰 죄인지 모릅니다.

우리는 살기 위해 오늘도 무엇인가를 먹어야 합니다. 그럼 그중 하나만 생각해 보죠.

하나님께서는 햇볕을 주시고, 비를 주시고, 공기를 주셔서 자랄 수 있게 하셨습니다. 그리고 누군가에게 건강을 주시고 지혜를 주셔서 우리가 먹을 수 있도록 만들게 하셨습니다. 그것을 우리는 사다 먹습니다. 우리가 사다가 먹기만 하면 우리 것이 되나요? 아니죠? 우리 몸에 세포만 해도 600조 개가 되는데, 어떤 것은 그 많은 세포가 되어 자라게 하시고, 어떤 것은 우리 몸에 수없이 많은 실핏줄에, 적혈구만 해도 30조 개나 되는 피가 되어 흐르게 하십니다. 그런가 하면, 우리 눈에 시신경만 해도 1억 700만 개가 된다고 합니다. 그 외에도 우리 몸에 각 기관이 얼마나 많습니까? 하나님께서 일일이 몸의 각 지체와 기관들에 필요한 대로 공급하고 보내십니다. 그러시면서 지금까지 우리 나이만큼 돌보신 것입니다. 이것은 하나님께서 우리에게 베푸신 사랑의 한 단면을 말씀드린 것뿐이에요.

하나님은 우리의 죄를 용서해 주시기 위해 대신 하나님의 독생자 예수님을 십자가에서 죽게 하기까지 하셨습니다. 그리고 지금도 우리에게 이렇게 사랑을 베푸시는데(롬 5:8) 그분을 모른다고 하고 감사하지도 않고, 잘 섬기지도 않는다면 그처럼 큰 죄가 어디 있겠습니까?

이런 죄를 가지고는 천국에 못가요. 그럼 지옥에 가게 되는 건데 지옥은 어떤 곳이냐 하면, 꺼지지 않는 유황불이 타오르는 곳(막 9:48-49)이라 하셨어요. 유황은 끓는점은 100도가 아니고, 444도라고 합니다. 지옥은 최소한 444도 이상이 되는 유황불이 계속 타오르는 곳입니다. 얼마나 끔찍합니까? 더 비참한 것은 그것으로 끝나는 것이 아니라, 그곳에서는 죽고 싶어도 죽을 수도 없고, 그 고통 가운데서 영원히 살게 되는 것입니다.

한 인생 사는 동안 그 어떤 것보다 가장 중요하고 시급한 것은 예수님을 영접하는 겁니다."

12) "성경이 믿어지지가 않습니다. 성경 말씀이 진짜입니까?"

"그저 사실을 그대로 말씀드리는 거니까 서운하게 듣지 마세요. 사실 성경 말씀이나, 천국과 지옥 이 모든 것은 영적인 세계들입니다. 누구나 영혼은 가지고 있지만 태어날 때부터 그 영은 죽은 상태로 태어나죠. 그러므로 인간의 이성이 악해져 있고, 어두워져 있기 때문에(롬 1:21-23, 3:10-18) 우리의 이성적 사고로는 영적인 일들이 믿어질 수가 없습니다. 하나님께서 "육에 속한 사람은 하나님의 성령의 일들을 받지 아니하나니 이는 그것들이 그에게는 어리석게 보임이요, 또 그는 그것들을 알 수도 없나니 그러한 일은 영적으로 분별되기 때문이라"(고전 2:14)고 하셨습니다. 그러나 지금이라도 죄인임을 고백하고 예수님을 영접하면 그때부터 죽은 상태에 있던 내 속의 영혼이 거듭난 산 영의 사람이 되고, 열심히 신앙생활하다 보면 영이 성장하는 만큼 놀랍게도 성경 말씀이 믿어지게 됩니다."

고전 2:14   "육에 속한 사람은 하나님의 성령의 일들을 받지 아니하나니 이
             는 그것들이 그에게는 어리석게 보임이요, 또 그는 그것들을 알
             수도 없나니 그러한 일은 영적으로 분별되기 때문이라"

요 3:6   "육으로 난 것은 육이요 성령으로 난 것은 영이니"

눅 24:44   성경 기록이 모두 응함.

13) "예수쟁이가 더 못됐더라고요. 그럴 바에야 차라리 이대로가 좋아요."

"같은 예수 믿는 사람으로서 부끄럽게 생각합니다. 대신 제가 사과를 드립니
다. 그리고 제 말씀을 들어보시면 조금은 이해가 되실 거예요.
세상에 온전한 사람은 한 사람도 없습니다. 부족한 인간들이 먼지가 가득한
방과 같은 세상에서 살면서 못난 성품대로 어떤 사람은 조금, 어떤 사람은 좀
많이 먼지를 묻히고 사는 것뿐입니다. 우리는 그 먼지 묻은 부분만 보고 실
망하죠. 그러나 그 사람은 예수님이 아니면 자신은 가망이 없는 부족한 존재
라는 것을 깨닫고 회개하면서 예수님을 자신의 구주로, 주님으로 영접한 분
입니다. 물론 부족해서 또 실수할 수도 있습니다. 그러나 그때마다 예수님의
이름을 의지하고 진심으로 죄를 자백하고 회개하면 하나님은 용서해 주십니
다. 그러니 우리 하나님은 얼마나 자비와 사랑이 많으신 분이신지요. 아무튼
그런 사람 때문에 내가 천국을 포기할 수는 없잖아요? 온전하게 하시는 이인
예수님만 바라보고(히 12:2) 신앙생활하는 거예요."

히 12:2   "믿음의 주요 또 온전하게 하시는 이인 예수를 바라보자"

14) "예수님을 영접하지는 않았지만 지금 교회에 잘 나가고 있습니다. 그러다 보면 이다음에 천국에는 가게 되겠죠."

"교회에 다니는 사람들을 조금 자세히 구분해 보면, 아직 예수님을 영접하지 않은 상태에서 그저 교회에 출석하는 교인이 있는가 하면, 예수님을 영접해서 죄를 용서받고 거듭난 하나님의 백성, 성도가 된 사람이 있습니다. 교회에 다니는 사람은 많지만 그중에 성도가 된 사람만 천국에 갈 수 있어요. 그러니 예수님을 영접한다는 것이 얼마나 중요한지 모릅니다.

사람들은 자기가 그리스도를 믿는 믿음을 가진 것으로 생각합니다. 그 믿음을 확인해 보면 그저 지식적인 동의에 불과합니다. 잠시 있다가 지나갈 이 세상 것을 위해 예수님을 의지하는 현세적 믿음이기도 합니다. 그런가 하면 하나님이 이 땅에 오셔서 온 인류의 죄를 위해 돌아가셨다고 믿는 객관적 믿음도 있습니다. 이 믿음들은 구원받는 믿음은 아녜요. 구원받는 믿음은 내가 죄인이라는 것을 인식하고 내 죄를 용서해 주시기 위해 예수님이 십자가에서 대신 죽으시고 부활하셨다는 것을 믿고 진심으로 죄를 회개하면서 바로 그 예수님을 내 인생의 주인으로 영접하는 것입니다. 그때 내 죄를 용서받고 천국에 가게 되는 것입니다."

잠 16:25	"어떤 길은 사람이 보기에 바르나 필경은 사망의 길이니라"
행 4:12	"다른 이로서는 구원을 받을 수 없나니 천하 사람 중에 구원을 받을 만한 다른 이름을 우리에게 주신 일이 없음이라"
요 14:6	"내가 곧 길이요 진리요 생명이니 나로 말미암지 않고는 아버지께로 올 자가 없느니라"
시 90:10	"우리의 연수가 칠십이요 강건하면 팔십이라도 그 연수의 자랑은 수고와 슬픔뿐이요 신속히 가니 우리가 날아가나이다"

15) "믿어 봤지만 별것 아니던데…"

① 예수님은 영접했지만 기복적인 신앙의 사람

이 세상의 육신적인 축복을 기대하면서 교회를 다녔지만, 기대한 만큼 만족이 없었던 것이다. 곧 건강 문제, 자녀, 재정 문제, 장래 출세 문제와 같은 잠시 있다가 지나갈 이 세상의 것들을 위해서 예수님을 의지하며 금식하기도 하고 때로는 철야기도하며 봉사도 열심히 하지만 이런 사람은 자기가 바라고 기도하던 대로 이루어지지 않으면 곧 신앙생활을 포기해 버린다. 따라서 예수님을 믿는 근본 이유를 잘 설명해 주고, 축복에 대한 바른 개념을 심어 주는 것이 필요하다.

② 아직 예수님을 영접하지 않은 상태의 사람
(현재 교회를 다니는 사람들 가운데서도 많이 볼 수 있는 예다.)

"우리 인간은 모두가 죄로 인해서 영은 죽은 상태에서 육으로만 살고 있습니다. 하나님의 말씀을 따라 사는 것, 예수를 믿는 것, 천국, 지옥, 이 모든 것은 영적인 일입니다. 교회에 다니면서 신앙생활한다고 하지만, 영은 죽은 상태에 있는 육의 사람으로서는 아무 것도 느낄 수 없고, 맛볼 수 없는 것입니다. 그러나 내 죄를 해결하시기 위해 십자가에서 죽으시고 부활하신 예수님을 영접하는 순간, 우리 속에 죽어 있던 영의 사람이 비로소 산 영의 사람이 됩니다. 이것을 거듭났다고 하는 것입니다. 그때부터 영적인 세계가 깨달아지고, 느껴지고, 그것을 누리게 되는 것입니다(엡 2:1)."

③ 예수님을 영접했지만 소극적인 신앙생활하던 사람

좀 더 적극적인 신앙생활을 할 것(렘 29:13, 33:3)과 특별히 하나님과의 깊은 기도 시간을 가질 수 있도록 권면한다(마 7:7).

요 3:6	"육으로 난 것은 육이요 영으로 난 것은 영이니"
렘 29:13	"너희가 온 마음으로 나를 구하면 나를 찾을 것이요 나를 만나리라"
렘 33:3	"너는 내게 부르짖으라 내가 네게 응답하겠고 네가 알지 못하는 크고 은밀한 일을 네게 보이리라"
마 7:7	"구하라 그러면 너희에게 주실 것이요 찾으라 그리하면 찾아 낼 것이요 문을 두드리라 그리하면 너희에게 열릴 것이니"

16) "예수님은 벌써 오래 전에 영접했죠. 그런데 이 술, 담배 때문에…

술이나 담배가 예수님을 영접하고 구원받는 것과는 별개의 것임을 알려 주면서 계속 복음을 제시해 예수님을 영접하도록 권한다. 그리고 나서 확신 부분의 성령에 대해서 말할 때 성령님을 모시고 나면 자연스럽게 끊게 되는 이치를 다음과 같이 설명해 준다.

"그것 때문에 너무 걱정하지 마세요. 예수님을 모시기 전에는 선생님 안에 선생님의 영혼이 죄로 인해 죽은 상태였으니까 거기에 담배 연기도, 술도 부어넣을 수가 있었지만, 조금 전에 예수님을 영접한 그 순간, 예수님의 영이신 성령님을 모시게 된 거예요. 성령님께서 당신 안에 계시면서 당신의 죽은 상태에 있던 그 영혼을 다시 살아나게 해 주셔서 그때부터 당신은 거듭난 산 영의 사람이 되었어요. 그 전에는 술. 담배를 좀 끊어 보려고 여러 번 노력했지만 실패했다고 하시는데, 이제는 달라요. 이제부터 하나님께 그것을 가지고 기도하세요. 당신 안에 계신 성령님께서 도와주시기 때문에 하나님의 능력으로 끊게 됩니다. 그래서 정말 신앙이 좋은 분들을 보면 술, 담배를 하시는 분을 찾아볼 수 없어요. 이제 오늘부터라도 이렇게 해 보세요. '하나님, 나 이제는 하나님을 모신 사람인데 어떻게 여기다 술을 붓고 담배 연기를 들여보낼 수 있겠습니까? 이제부터 술, 담배를 좀 끊게 해 주세요.' 하고 기도하시고, 혹시 나도 모르게 담배를 피우고 싶을 때는 얼른 손을 멈추고, 또 기도하는 겁니다. '하나님, 나, 담배를 좀 끊게 해 주세요. 예수님의 이름으로 기도합니다. 아멘.' 그러면서 참아 보세요. 두세 번 그러다 보면 어느새 담배를 피우고 싶은 생각이 나지 않든지, 담배 연기만 맡아도 머리가 아프든지, 입에 쓰든지 해서 결국은 담배를 끊게 됩니다. 술도 마찬가지예요."

살전 5:21-22   "범사에 헤아려 좋은 것을 취하고 악은 어떤 모양이라도 버리라"

17) "주일에는 빠지지 않고 교회에 나가 예배 드리고 오도록 하겠습니다. 뭐 그렇게 꼭 성경을 읽어야 하고 성경 공부 모임에 반드시 참석해야 하는지요?"

"하나님은 우리와 깨어 있든지 자든지 영원히 함께 교재하며 살고 싶으셔서 그분의 독생자 예수 그리스도를 십자가에서 죽게 하셨습니다(살전 5:10). 하나님은 우리가 매 순간 주님과 만나 사랑에 폭 잠겨 함께 살기를 원하십니다. 지금은 우리가 하나님의 거룩하심같이 거룩하지 못하고 하나님의 완전하심같이 완전하지 못해 그분을 직접 대면해서 뵐 수 없기 때문에, 하나님은 우리가 하나님께 나아가 하나님과 만날 수 있는 방편을 제시해 주셨죠. 그것이 예배 시간, 기도 시간, 찬양 시간 그리고 말씀 묵상 시간들입니다. 그 시간이 바로 주님과 만나는 시간입니다. 사모하며 달려 나와 하나님을 만날 때 거기에 하나님의 생명이 있고, 능력이 있고, 역사가 일어나면서 우리는 하나님의 만져 주심을 경험하게 되고 치유와 회복과 감사와 기쁨이 충만해지게 됩니다. 보고 나면 더 보고 싶고, 만나고 나면 또 만나고 싶을 정도로 주님의 임재 안에 있기를 갈망해야 합니다(시 27:4). 우리를 열망하시는 하나님은 우리가 그렇게 하나님을 사랑하기 원하세요."

18) "하나님은 사랑이시라는데…" (만인 구원론자들)
"하나님은 사랑이 많으시니 아무도 지옥에 보내지 않을 것 아닙니까?"

하나님은 사랑이시지만 또한 아주 공의로운 분이시라는 하나님의 속성(합 1:13)을 이해시키면서, 죄인에 대한 하나님의 공의의 심판을 성경 말씀으로 설명한다(시 5:4-6). 때로는 "누구든지 생명책에 기록되지 못한 자는 불 못에 던져지더라."(계 20:15)는 말씀과 함께, 예수님을 영접해야 생명책에 이름이 기록된다고 하면서, 복음을 전하고 예수님을 영접하도록 권한다.

합 1:13   "주께서는 눈이 정결하시므로 악을 차마 보지 못하시며"
사 30:18   "그러나 여호와는 공의의 하나님이심이라"

19) "어쨌든 예수님을 영접했으니 이젠 실컷 내 마음대로 살아도 천국은 가겠네요?"

"물론 성령님께서는 우리 안에 들어오신 다음에는 결코 떠나지 않으십니다. 믿음을 저버리지 않는다면 우리를 꼭 천국까지 인도해 주시죠. 그러나 예수님을 영접하는 것을 천국 티켓 하나 받아 놨다고 생각하면 안 됩니다. 하나님께서는 '오직 너희는 그리스도의 복음에 합당하게 생활하라'(빌 1:27). '이제부터 너희는 이방인이 그 마음의 허망한 것으로 행함 같이 행하지 말라'(엡 4:17)고 말씀하셨습니다."

어린아이가 위험한 곳으로 자꾸 가까이 가고 있다고 해 보죠. 그것을 보고 그냥 놔두거나, 여러 번 깨우치고 권해도 아이가 여전히 아주 위험한 지경까지 갔을 때도 그대로 그냥 내버려 두는 부모는 없을 것입니다. 급히 뛰어가서 그 아이를 구해 데리고 와서, 필요할 때는 매가 무서워서라도 다시는 그곳에 가지 않도록 훈계하고 보호할 것입니다.

"성령님께서도 우리가 신앙생활을 잘하지 못할 때 우리의 양심에 깨달음을 주시거나, 하나님의 말씀을 통해서 가르쳐 주기도 하시며, 어떤 방법으로든 우리에게 권면하십니다. 그래도 계속 고집하면서 그릇된 길을 갈지라도 결코 우리를 버리거나 외면하지 않으십니다. 사랑의 매를 들어서라도 보호하시고 인도하십니다. 그래서 시편 23편에 우리를 지팡이와 막대기로 안위하신다고 말씀하신 것입니다."

거지처럼 가난하고 힘든 생활을 하고 있는데 어느 날 왕이 찾아와서, 부족한 나를 자녀 삼아 주고 왕과 함께 왕궁에서 살게 해 주었다면, 여전히 누더기와 냄새 나는 옷을 그대로 입고 가난하게 생활하던 식으로 살지 않을 것입니다. 냄새 나는 누더기 옷을 다 벗어 버리고, 깨끗이 목욕하고 새 옷으로 갈아입고, 말씨와 걸음걸이도 왕자답게 공주답게 고쳐 나갈 것입니다.

"이전까지는 우리가 세상에 속해 있었기 때문에 세상 방식으로 살아 왔습니다. 그러나 진심으로 죄를 회개하고 예수님을 영접한 그 순간 하나님의 자녀가 되었기 때문에 하나님은 우리에게 하나님의 자녀다운 생활을 하기 원하십니다. 하나님은 이런 것을 기뻐하고 이런 것을 싫어하신다, 이렇게 해라 이렇게 하지 마라 하시면서 아주 자세히 성경에 기록해 놓으셨습니다. 우리가 늘 거울을 보고 모습을 단정히 하는 것과 같이 성경은 우리 신앙생활의 거울과 같습니다. 우리는 열심히 말씀을 읽고, 듣고, 배우면서 삶을 고쳐 나가야 합니다.

이제는 하나님의 자녀가 되었기에 마땅히 하나님께서 기뻐하시는 하나님의 자녀 된 생활을 해야 합니다. 버릴 것은 버리고 이전의 세상적인 습관과 생활에서 돌이켜 하나님을 기쁘게 해 드리는 삶을 사십시오. 나쁜 영향력을 미치는 사람들과의 관계를 정리해야 합니다. 하나님 앞에 잘못된 습관이나 그런 주위 환경에서 떠나야 합니다. 그리고 주님과 매일 만나면서 교제를 나눌 수 있는 시간을 계획하십시오. 말씀과 기도를 생활화하면서 하나님의 말씀대로 살려고 힘써야 합니다."

/ 자녀의 요구 /

20) "예수님을 믿는 사람은 다 출세하고 부자가 되어야 할 것 아닌가요?"

사랑하는 자녀가 위험한 물건을 달라고 한다고 어떤 부모가 그것을 허락하겠습니까? 무척 위험하니까요. 그러나 혹 그것이 꼭 있어야 하고 그리고 능히 감당할 수 있을 때는 사 줄 수도 있죠.

"그렇듯이 하나님께서도 그것이 우리에게 유익이 되고 하나님께 영광이 되는 것이라면 무엇을 구하든지 꼭 주십니다(약 4:3).

그리고 예수님을 영접한 그 순간 우리는 천국 시민이 되었습니다. 우리는 언제라도 하나님께서 부르시면 천국에 갑니다. 하나님은 우리가 이 세상에 잠깐 왔다 가는 나그네라고 말씀하셨어요. 이 땅에 속한 사람이 아니에요. 지금도 우리는 많은 것을 소유하고 있지 않습니까? 우리가 천국에 가는 그 순간, 그것들은 나와는 아무 상관없는 것들이 돼요. 다 두고 가야 합니다. 물론 육체까지도 다 벗어 놓고 가야 합니다.
사랑하는 사람은 만나서 같이 있는 것이 무엇보다도 제일 기쁘고 행복합니다. 그렇듯이 예수님을 믿는 사람들의 궁극적인 목표는 이 땅의 삶의 부요함이 아니라, 장차 우리가 천국에 가서 하나님의 그 영광스런 모습을 직접 대면하여 보며 그분과 함께 사는 것입니다. 그날을 바라면서 즐거워하십시오(롬 5:2)."

벧전 2:11   "사랑하는 자들아 거류민과 나그네 같은 너희를 권하노니 영혼을 거슬러 싸우는 육체의 정욕을 제어하라"

눅 12:20 　　　 "하나님은 이르시되 어리석은 자여 오늘 밤에 네 영혼을 도로 찾으리니 그러면 네 준비한 것이 누구의 것이 되겠느냐 하셨으니"

/ 대통령의 자녀 된 권세 /

21) "예수님을 영접했으면 무슨 소용이 있습니까? 어떻게든 좀 살아 보려고 아침부터 저녁까지 매일 몸부림칩니다. 정말 세상 살맛 안 납니다."

대통령의 자녀만 되어도 대단한 권세를 가지고 살 수 있습니다. 그런데 그분은 온 우주 만물을 창조하시고 주관하시는 분이세요. 그 하나님이 이제는 당신의 아버지가 되셨는데, 세상 대통령의 자녀 된 것에 비교할 수 있겠어요? "너희가 내 안에 거하고 내 말이 너희 안에 거하면 무엇이든지 원하는 대로 구하라"(요 15:7)고 말씀하셨습니다. 사업 문제, 자녀 문제, 가정 문제, 무엇이든 나 혼자 해 보려고 몸부림치지 마시고, 기도로 우리 하나님과 의논하고, 부탁하고, 구하면서 하나님의 자녀 된 권세를 마음껏 누리고 사십시오.

3. 이단과 이방 종교인을 어떻게 전도하는가?

주님이 오실 때가 임박할수록 미혹의 영은 횡행하게 마련이다. 이방 종교인들이 열심히 예수 믿는 사람들에게까지 찾아와 열광적으로 전도하는 모습을 자주 보게 된다. 필립 휴즈(Philip Hughes)는 말하기를, "경고적으로 세계를 휩쓸고 있는 이상한 사교들의 절정적 파도는 현대 정통기독교를 향한 가장 큰 도전들이다."라고까지 말한다. 이러한 상황에서 우리는 크게 각성해야 한다. 복음을 받은 그리스도인으로서 미혹의 영에 이끌려 멸망의 길로 휩쓸려 가는 불쌍한 영혼들을 그대로 보고만 있을 수는 없는 것이다.

1) 이방 종교의 공통적 성격과 그 상태
이방 종교인들의 상태(롬 1:20-25)를 살펴보면, 미혹의 영에 이끌려 하나님을 영화롭게도 아니하고, 감사하지도 않을 뿐 아니라 하나님의 진리를 거짓 것으로, 하나님의 영광을 헛된 우상으로 바꿔 하나님보다 피조물을 더 섬기는 것이다. 스스로 지혜롭다 하며 교만해지고 우둔하여서 헛된 우상을 섬기며 정욕에 내버려진 채 욕된 몸으로 살아간다.

2) 이단의 공통적 성격과 그 상태
흔히 숨겨진 왼손(Hidden Left Hand)이라고도 말한다. 표면상의 주장과 내용은 성경과 아주 흡사하다. 깊이 있게 연구해 보면, 항상 그 이면의 끝은 일반적 진리에서조차 먼 것을 발견하게 된다.

대체적으로 이단의 공통적 성격은 다음과 같다.
① 성경을 보태거나 교묘히 뺀다.
② 예수 그리스도께서 죄인을 구원하심을 일부 부인하거나 전면 거부한다.

③ 현재도 성경에 기록될 하나님의 계시가 계속된다고 주장한다.

④ 각 교주를 신격화하고 있다.

⑤ 특수 분야에 특기나 특징을 가지고 있다.

⑥ 비성경적이고 비신학적이다.

⑦ 비윤리적이고 반사회적이다.

⑧ 현실적 신앙이 아니고 도피주의적이다.

이러한 이방 종교인과 이단에 대해 우리 그리스도인들이 어떻게 대해야 하는 가를 생각해 보기로 한다.

3) 이방 종교인과 이단을 전도할 때

그들 역시 '생명 얻는 복음'을 들어야 하는 전도대상자인 것이다. 믿음으로 구원받는 일에는 "유대인이나 헬라인이나 차별이 없음이라"(롬 10:12)고 하셨다. 그리고 "너희 속에 있는 소망에 관한 이유를 묻는 자에게는 대답할 것을 항상 준비하되 온유와 두려움으로 하고"(벧전 3:15)라고 말씀하셨다. 듣든지 아니 듣든지, 때를 얻든지 못 얻든지, 온유와 두려움으로 다만 성령의 나타나심과 능력으로 복음을 전하여 그들이 듣고 믿어 주의 이름을 부르도록 수고해야 한다(고전 2:1-5).

① 미리 꾸짖고 물리치는 기도를 하라.

"마귀를 대적하라 그리하면 너희를 피하리라"(약 4:7)고 하셨다. 예수 이름으로 대적하고, 꾸짖고, 물리치는 것은 하나님의 권세와 능력을 알고 인정한다는 것이다. "이 세상의 신이 믿지 아니하는 자들의 마음을 혼미하게 하여 그리스도의 영광의 복음의 광채가 비치지 못하게 함이니"(고후 4:4)라고 하셨다. '혼미하게 하여'라는 말은 사탄이 연막을 피워 시야를 흐리고 어둡게 만들어 복음의 실체를 명확히 보지 못하게 한다는 것이다. 미리 미혹의 영, 복음을 방해하는 영을 기도로 꾸짖고 대적하는 기도를 하고 나간다.

② 그들의 거짓 복음을 전할 기회를 주지 말라.

"이단에 속한 사람을 한두 번 훈계한 후에 멀리하라"(딛 3:10). "누구든지 이 교훈을 가지지 않고 너희에게 나아가거든 그를 집에 들이지도 말고 인사도 하지 말라"(요이 10절)고 하셨다. 그들의 거짓 복음을 제시할 기회를 주지 말아야 한다. 거짓 복음을 펼칠지라도 끝까지 참고 들을 필요가 없다.

그들을 사로잡고 있는 영의 활동을 묶고 오로지 복음의 능력을 믿고 성령님의 도우심을 간구하면서 그대로 복음을 전한다. 성경 말씀이나 '열쇠의 예'(137쪽)를 드는 것도 하나의 방법이다. 특히 이단에 속한 사람은 한두 번 간절히 권면하되 받아들이지 않으면 전도지를 남기고 나온다.

③ 논쟁을 벌이지 말라.

이론이나 지식으로 논쟁을 벌여서 복음화되는 것이 아니다. 특별히 하나님으로부터 이단 연구의 사명을 받은 사람도 있으나, 그렇지 않고 이단의 교리를 열심히 배우고 알아서 그들을 전도하겠다는 마음으로 뛰어드는 것은 재고의 여지가 많다. 아주 위험한 일이다. 그들은 자기가 신봉하는 교리의 전문가다. 잘못하다가는 복음을 전해 보지도 못하고 논쟁으로 끝날 수 있다(딤후 2:23). 이것은 어디까지나 미혹의 영과의 영적 싸움이다.

④ 특별 기도를 하라.

이단에 속한 가족이나 친족이 있다면 그들을 위해 특별히 금식기도하면서 그들의 구원을 위해 하나님께 기도해야 한다(딤전 5:8). 분명히 하나님의 택한 백성이라면 언젠가는 돌아온다. 주님이 기회를 주실 것이다.

잠 16:25   "어떤 길은 사람이 보기에 바르나 필경은 사망의 길이니라"
행 4:12   "다른 이로서는 구원을 받을 수 없나니 천하 사람 중에 구원을
           받을 만한 다른 이름을 우리에게 주신 일이 없음이라"
요 14:6   "내가 곧 길이요 진리요 생명이니 나로 말미암지 않고는 아버지
           께로 올 자가 없느니라"

9장 함께 예배(7단계)

우리의 삶에 있어서 가장 중요한 것은 마음과 뜻과 성품을 다하여 하나님을 예배하는 것이다.

1. 주일은 하나님께 나아와 함께 예배해야 한다.

"모이기를 폐하는 어떤 사람들의 습관과 같이 하지 말고 오직 권하여 그날이 가까움을 볼수록 더욱 그리하자"(히 10:25).

주일은 교회에 모여 온 맘과 정성을 다해 하나님을 찬양하고 예배해야 한다. 구원받은 하나님의 자녀들이 아버지이신 하나님께 정해진 시간과 장소에 모여 성령 안에서 함께 드리는 그 예배는 하나님을 만나는 시간이고, 구원받은 우리에게 최고의 영광스러운 자리다. 그때 하나님께서 마음을 만져 주시는 것을 체험하게 된다. 하나님 안에서 쉼과 참 평안을 누리게 된다. 예배를 통해 우리에게 믿음을 주시고 날마다 생명을 공급해 주신다. 그러는 가운데 믿음이 성장해 가는 만큼 그리스도의 몸인 교회의 유익을 위해 사랑으로 연합하여 함께 헌신하고 봉사하고 교제하고 예배하며 주님을 섬기게 되는 것이며 (엡 2:19-22; 골 1:18), 그 은혜로 우리가 인내하며 힘 있게 하나님을 기쁘시게 해 드리는 삶을 살면서 천국에 들어갈 수 있게 된다.

2. 구원받은 성도의 매일의 삶이 하나님께 드리는 예배가 되어야 한다.

"그러므로 형제들아 내가 하나님의 모든 자비하심으로 너희를 권하노니 너희 몸을 하나님이 기뻐하시는 거룩한 산 제물로 드리라 이는 너희가 드릴 영적 예배니라"(롬 12:1).

예배는 하나님과 함께하는 것이며 하나님과 사랑에 빠지는 것이다. 하나님을 내 삶의 중심에 모시고 그 하나님 안에서 내 삶의 의미와 가치를 두고 살아가는 것이 바로 하나님을 예배하는 삶이다. 그렇게 하루하루 그분과 교제하고 사랑의 대화를 나누는 것이 진정한 예배자의 삶이다. 이를 통해서 하나님의 사랑을 직접 느끼고 경험할 때에 더 행복해지고 감사하게 된다. 또한 그런 우리 삶을 통해 하나님의 뜻과 계획이 이루어지게 된다.

3. 천국에 가서도 영원히 하나님께 찬양과 경배를 드린다.

"그 생물들이 보좌에 앉으사 세세토록 살아 계시는 이에게 영광과 존귀와 감사를 돌릴 때에 이십사 장로들이 보좌에 앉으신 이 앞에 엎드려 세세토록 살아 계시는 이에게 경배하고 자기의 관을 보좌 앞에 드리며 이르되 우리 주 하나님이여 영광과 존귀와 권능을 받으시는 것이 합당하오니 주께서 만물을 지으신지라 만물이 주의 뜻대로 있었고 또 지으심을 받았나이다 하더라"(계 4:9-11).

우리는 천국에 가서도 영원토록 영광과 존귀와 감사를 하나님께 돌리면서 하나님을 찬양하고 예배한다.

내
증인이
되라

| 3부 |

기타

10장 전도자가 유의할 점은 무엇인가?

1. 영혼에 대한 주님의 소원을 품으라.

주님은 오늘도 우리뿐 아니라, 하나님의 택한 백성들이 다 돌아와 하나님과 함께 살기를 "하루가 천 년 같고 천 년이 하루 같이 기다리신다"(벧후 3:8-9)고 하셨다. 우리가 주님을 사랑하면 사랑할수록 주님의 깊은 심정과 그분의 애절한 소원을 알게 된다. 그러다 보면 결국 주님을 위한 고난을 감수하면서까지 뛰쳐나가 그 은혜의 영광을 드러내는 증거자로 살게 된다(빌 1:29). 우리의 할 일은 오직 때를 얻든지 못 얻든지 언제 어디서나 누구를 만나든지 이 열렬한 하나님의 사랑과 소원을 그들에게 전해 주는 것이다.

2. 기도하라.

전도는 잃어버린 하나님의 백성을 사탄의 손에서 구원해 내는 영적 싸움이다. 특히 출발 전(67쪽 "전도 현장 출동 기도문" 활용)은 물론이고, 전도 현장에서도 성령의 도우심과 사탄의 방해를 막는 기도를 계속해야 한다. 동행자가 있을 때에는 한 사람이 복음을 제시하면 다른 한 사람은 조용히 기도한다.

3. 담대하라.

성령님의 동행하심을 믿어야 한다. 전도를 방해하는 사탄의 소리에 귀를 기울이지 말고 담대히 나간다(고후 3:12). 한 나라의 왕이나 대통령의 대사도 그 직임을 최고의 영예로운 직책으로 여긴다. 우리는 만왕의 왕이시며 만주의 주이신 예수 그리스도의 대사다.

4. 잡담하지 말라.

내가 복음을 전하지만 성령께서 역사하셔야 된다. 성령의 임재에 방해가 되는 분위기가 되어서는 안 된다.

5. 태도를 단정히 하라.

첫 인사에 특별히 신경 써야 한다. 미소 짓는 얼굴(smile face), 부드럽고 상냥한 음성(warm voice), 단정한 옷차림을 유지한다. 혹 참기 어려운 일이 생길지라도 끝까지 겸손한 태도로 대해야 한다.

6. 전도대상자 가까이 앉으라.

전도자는 항상 전도대상자 가까이 앉아야 함을 잊지 말아야 한다. 빌립이 에디오피아 내시를 전도할 때, "성령이 빌립더러 이르시되 이 수레로 가까이 나아가라"(행 8:29)고 하셨다. '가까이 나아가라'는 말은 '접착시키다'라는 의미를 가지고 있다. 이는 전도대상자에게 나아가 그 마음에 꼭 붙어 있어야 한다는 의미다. 전도대상자가 한 사람 이상일 때 그들을 골고루 둘러보면서 이야기한다. 때로는 그들의 이름을 넣어 가면서 그 자리에 있는 사람이 다 함께 집중해서 관심을 가지고 복음을 듣도록 한다.

7. 질문은 될 수 있는 대로 피하라.

가능하면 일방적으로 복음을 전하는 것이 바람직하다. 질문을 해야만 할 경우에는 되도록 말수가 많은 사람에게는 질문을 피하는 것이 좋다.

8. 성의 있는 대답을 하라.

항상 전도대상자의 기분이 상하지 않도록 특별히 신경 써야 한다. 복음을 전하는 중에 질문이 나올 수 있다. 결코 당황해서는 안 된다. 질문이 나올 때마다 즉시 해결하려고 하지 말아야 한다. 변론이 생기거나 대화 내용이 옆으로 빗나갈 우려가 있다. "그렇게 생각하셨군요.", "참 좋은 질문을 하셨어요. 그런데 그건 제가 조금 있다가 자세히 설명해 드릴게요.", "제 이야기를 조금 더 들어 보시면 이해가 되실 거예요." 하면서, 지혜롭게 복음 제시를 계속할 수 있도록 한다. 결코 다투어서는 안 된다. 조금 열렸던 마음 문이 다시 닫혀 버릴 수 있다. 변론이 생길 우려가 있으면 주님의 도우심을 간구한다. 모를 때는 모른다고 솔직히 말하고 다음에 알아서 다시 알려 주겠다고 약속한다.

9. 형편과 상황에 알맞은 대화 방법을 사용하라.

"내가 여러 사람에게 여러 모습이 된 것은 아무쪼록 몇 사람이라도 구원하고자 함이니"(고전 9:19-23)라고 하셨다. 우리는 성령님의 도우심과 인도하심 가운데 그 전도 현장에 맞는 다양한 전달 방법을 사용해야 한다. 예수님의 제자들은 '선포'(proclaiming), '대화'(dialogue), '변증'(dialectic)의 형식으로 바꾸어 전하기도 했다.

10. 끝까지 복음 제시할 기회를 주지 않을 때

"괜찮아요. 가끔 교회 소식도 전해 드리고 좋은 행사가 있을 때 알려 드리고 싶습니다. 괜찮겠지요?"로 여운을 남긴다. 연락을 취할 수 있는 길을 만들어 놓고 와야 한다. 그때부터 그를 태신자로 전도 수첩에 기록해 놓고 관리한다. 그런데 그것까지 거부할 때도 있다. "괜찮아요. 다음에 또 기회가 있으면 한번 방문하도록 허락해 주시길 바랍니다. 우리 교회에 한번 초청하고 싶습니다." 하고 교회 자랑을 한다. 전도지, 주보, 교회 안내서를 건네고 온다. "이 세상이 전부가 아닙니다. 꼭 예수 믿으시고 함께 천국 백성이 됩시다." 하면서 밝게 인사하고 나온다. 특별히 성령님께서 감동하시는 말씀(히 4:12)이 있으면 간단히 전해 주고 온다.

11. 역경을 신앙으로 극복하라.

복음을 전하다 모욕을 당하거나 핍박을 받는 경우가 생길지라도 결코 낙심하거나 전도를 포기해서는 안 된다. 바울은 복음을 전하다가 돌에 맞아 거의 죽을 지경에까지 이르렀다. 그러나 그는 다시 일어나 이튿날 바나바와 함께 더베로 가서 복음을 전파했다(행 14:19-20). 바울과 실라는 전도하다가 감옥에 갇혔다. 그러나 낙심하지 아니하고 기도하고 찬미하는 가운데 오히려 하나님의 영광을 드러내는 일들이 생겼다. 복음을 전해서 간수와 그의 온 집이 하나님을 믿게 된 것이다(행 16:25-26).

12. 타 교단이나 타 교회 이야기는 피하라.

가급적 타 교단이나 타 교회에 대한 이야기는 피한다. 혹시 화제에 오르게 되면 칭찬은 하되 비판은 하지 말아야 한다.

13. 모든 영광을 하나님께만 돌리라.

바울과 바나바가 루스드라에 이르러서는 나면서부터 앉은뱅이가 된 사람에게 이적을 행했다. 그 사람이 완쾌되어 뛰며 걷게 되었다. 이 장면을 본 사람들이 갑자기 바울과 바나바에게 예배를 드리려고 할 때 바울과 바나바는 그들의 시선을 하나님에게로 돌려 결국 모든 영광을 하나님께만 드리도록 했다(행 14:8-20). 예수님을 영접하고 거듭난 새 사람으로 변화된 생활을 하는 것보다 더 큰 표적과 기사는 없다. 그러나 이 모든 이적의 영광은 오직 하나님께만 올려 드려야 한다.

14. 전도된 가정에 오래 머물러 있지 말라.

복음을 받아들인 전도대상자는 그 시간이 내적 변화가 일어나는 시간이다. 혼자만의 시간을 갖도록 해 주는 것이 필요하다.

15. 자세한 신상을 기록하라.

반드시 전도대상자의 이름, 주소, 전화번호를 받아 전도 결과 보고서에 자세히 기록한다. 이것은 후속 처리와 전도자대상자 관리를 위해 무엇보다도 중요하다.

내
증인이
되라

부록

■ ■ ■

뿌리내리기 사역에 대해 알아보자

뿌리내리기 사역을 위해 준비된 "CWM 교회 정착 시리즈"는 오직 하나님 사랑과 영혼 구원에 초점을 두고 있다. 이 시리즈를 통해 한 사람의 성도로서 뿌리내리게 되고, 더 나아가 열매 맺는 성도로서 또 다른 사람을 하나님 앞으로 인도하는, 건강하고 성숙한 그리스도인으로 양육된다.

이 일을 위해 교회 내에 다음과 같은 프로그램을 세워 활용할 수 있다.

1. 그리스도인으로서의 정체성을 분명하게 하는 양육반을 개설한다.
 (교재:『이 벅찬 구원의 감격』)

진지하게 예수님을 영접하고도 하나님께서 나를 얼마나 사랑하시는지, 내가 얼마나 엄청난 하나님의 은혜와 약속들을 축복으로 받았는지를 제대로 알고 누리는 사람이 그리 많지 않다. 듣고 또 들어도 늘 우리를 행복하고 감격하게 만드는 하나님의 사랑 메시지, 이 복음은 우리 전 인격 속에 꽉 들어차 있어야 하고 우리 삶의 중심이어야 한다.

특별한 하나님의 임재 안에서 교재『이 벅찬 구원의 감격』을 공부하게 되면서,

① 예수님을 영접하고 신앙생활하고 있다는 것이 얼마나 놀라운 하나님의 은 혜이고 축복인지를 알게 된다.

② 하나님의 사랑을 가슴 깊이 깨달아 가면서 그리스도 안에서 자신의 정체 성이 분명해지고, 그분과의 친밀한 교제 가운데 어떠한 상황에서도 흔들 리지 않고 하나님의 기쁨이 되어, 충성하고 헌신하는 신앙인이 된다.

③ 강물같이 흘러 넘치는 하나님의 사랑 메시지, 이 복음을 마음에 새기고 거 기에 흠뻑 젖어 가면서, 가눌 수 없는 벅찬 감격을 안은 채 그분을 경배하 고 찬양하지 않을 수 없게 되며, 계속 우리 가슴에는 신앙의 불이 활활 타 오를 것이다. 우리 모두가 가장 원하는 바가 바로 이것 아닌가?

2. 영적 권세와 특권을 행사할 수 있는 중보기도 팀을 세운다.
(교재: 『강력한 무기 중보기도』)

교회에 하나님의 임재와 그분의 영광으로 충만할 때, 새 가족이 들어와도 신 앙의 뿌리를 내리기 쉽다.

『강력한 무기 중보기도』 교재를 공부하게 되면 다음과 같은 효과를 기대할 수 있다.

① 자신이 가지고 있는 영적 권세와 특권을 확신하게 되고, 영혼을 구원하는 일에 기도가 얼마나 중요하고 불가피한지를 깨달으면서, 기도하는 일에 열심을 내게 된다.

② 매주 숙제를 하다 보면 새벽기도를 시작하게 되고 몸의 습관이 바뀐다.

③ 이 공부를 마칠 때에는 자연스럽게 중보기도 대원으로 자원하게 되면서 중보기도 팀은 계속 증원될 것이다. 자연히 그들은 하나님의 사랑에 화답하고 감사하며 그분의 소원인 하나님의 사랑을 전하는 데 관심을 두고 기도하게 된다.

CWM '하늘 문을 열어라!' 기도 샘플(Sample)이 준비되어 있다. 기도 제목마다 선포하는 것을 넣었기에 집중력 있고 권세 있게 선포하며 기도할 수 있어 더욱 효과가 크다.

인도자의 감사 기도와 성령님을 의지하는 기도로 시작해서 교회를 위한 기도, 예배를 위한 기도, 목사님과 그 가정을 위한 기도, 성도들을 위한 기도, 도시와 주변 지역을 위한 기도, 세계 선교와 이스라엘을 축복하는 기도, 중보기도 대원들을 위한 기도, 끝에는 인도자의 감사 기도와 보호막을 치는 기도로 마친다. 교회의 권세가 회복되면서 자신이 새로워지고, 교회가 새로워지고, 지역이 새로워지게 되는 것을 보게 된다.

3. 뜨거운 가슴을 안고 현장으로 뛰어나가는 전도 팀을 세운다.

   (교재:『8주 성경공부식 CWM 전도훈련』)

『8주 성경공부식 CWM 전도훈련』 교재는 전도에 대한 부담을 덜어 주고 누구나 쉽게 참여할 수 있도록 '성경공부식'으로 만들었다. 이 교재는 지식적인 내용을 전달하는 것보다는 성령의 기름 부음을 통해 가슴이 뜨거워져서 현장으로 뛰어나가, 전도하는 사람들로 변화시키는 데 목표를 둔다. 그 결과 그들을 통해 주변 영혼들이 돌아오고, 하나님 나라가 세워질 것이다.

이 교재로 교육할 때, 전도 캠페인과 병행하면 좀 더 진취적으로 더 힘 있게 교육을 진행할 수 있을 것이다. (예: 총동원 주일, '복음 잔치' Happy Day, 새 가족 환영 잔치 등)

훈련을 마칠 때쯤이면 전도의 열정으로 채워지고, 툭 건드리기만 해도 나올 수 있을 정도로 적어도 '4분 전도' 복음 제시 내용에 익숙하게 된다. 매 시간 전도 현장 보고를 해야 하다 보니 어느새 전도가 자연스럽게 생활화되며 생활 현장은 복음 전도 현장이 된다.

장작이 혼자 타면 쉽게 꺼지지만, 여러 개가 함께 타오르면 쉽게 꺼지지 않는다. 마지막 시간에는 강한 전도의 용사로 입단 결단서를 작성하고, 함께 모여 지속적으로 나가다 보면 "전도는 내 평생 사업이요 나에게 은퇴는 없다!"라고 고백하면서 전도하다가 주님 앞에 서게 되는 것이다.

4. 하나님의 사랑으로 새 가족을 품을 수 있는 새 가족 반을 세운다.
　(교재: 『새 가족 뿌리내리기』)

새 가족 뿌리내리기 사역은 새 가족을 교회의 한 가족이 되게 정착시키는 사역이다. 아무리 전도를 많이 해도 교회에 정착시키지 못하면 교회는 성장할 수 없다. 산파의 품에서 아기를 받아 정성을 다해 사랑으로 양육하듯이 소중한 새 가족을 포근하게 품으면서 그 새 가족이 새로운 환경에 잘 뿌리내릴 수 있게 해야 한다.

교회와 성도가 이 사역을 수행할 때 반드시 잊지 말아야 할 것은 바로 '사랑'이다. 사랑이 없이는 결코 성령님이 역사하시는 열매를 맺을 수 없다. 그 사랑 위에서 겸손과 인내로 세심하게 배려하고 돌보아야 한다.

『새 가족 뿌리내리기』교재는 새 가족을 향한 구체적인 행동 지침을 단계별로 실행할 수 있도록 구성되어 있다.

내
증인이
되라

CWM 전도훈련 교재